Organtransplantation
Gottes oder Satans Werk
Die Wahrheit
Was Christen wissen sollten

Gewidmet all denen,

die reinen Herzens sind oder sich darum bemühen,
denn sie werden die Wahrheit erkennen,
sie befolgen und sie weitertragen.

Ans Herz gelegt all denen,

die im kirchlichen Bereich Verantwortung tragen
und bemüht sind,
Gottes Wahrheit zu verkünden,
um den Menschen dadurch zu helfen,
sie nicht durch Lügen zu verführen
und ihnen dadurch zu schaden.

Unterbreitet all denen,

die guten Willens und fähig sind,
alles daran zu setzen,
dem mörderischen Treiben
endlich ein Ende zu bereiten.

Georg Meinecke

ORGANTRANSPLANTATION

GOTTES oder SATANS WERK

Die Wahrheit

Was Christen wissen sollten

Bibliografische Information der Deutschen Nationalbibliothek
Die Deutsche Nationalbibliothek verzeichnet diese Publikation
in der Deutschen Nationalbibliografie; detaillierte bibliografische
Daten sind im Internet über http://dnb.d-nb.de abrufbar.

© 2013 Georg Meinecke
Umschlagdesign, Satz, Herstellung und Verlag:
BoD - Books on Demand
ISBN 978-3-7322-2646-7

Inhalt

Hinweis	7
Einleitung	9
Die Antwort der Kirchen	10
Die Antwort Gottes durch seine Prophetin	21
Antwort Gottes durch Wortträger	32
Stimme eines geistigen Wesens	42
Antworten von Geistlichen	50
Stimmen von Juristen	54
Stimmen von Medizinern	59
Stimmen Angehöriger von Organspendern	63
Zur Person des Autors	71

Hinweis

Inhalt und Aufbau der Schrift folgen der Inspiration und Intuition des Autors. Er hat sie nach bestem Wissen und Gewissen verfasst, ausgewählt und wiedergegeben. Er soll insbesondere spirituell ansprechbare und interessierte Leserinnen und Leser die Wahrheit erkennen und sie bei Befolgung der Wahrheit Gott mehr als den Menschen folgen lassen und sie dadurch vor Tod, Leid und Schmerzen bewahren.

Einleitung

Dachte ich mit meiner Schrift »Organspende JA oder NEIN – Eine Entscheidungshilfe – Die verheimlichte Wahrheit« hätte ich einen genügenden Beitrag dazu geleistet, durch Aufklärung der Leser mitzuhelfen, den mörderischen Sumpf der Organtransplantation, der perversesten Praktik der Chirurgie, dadurch auszurotten, dass sich immer weniger Menschen zur Organspende bereitfinden würden – so habe ich erkannt, dass es im Hinblick auf die weiterhin propagierte Haltung der beiden großen christlichen Kirchen noch weiterer Anstrengungen bedarf, da der Widersacher immer noch triumphiert!

So las ich z.B. unter www.ZeitenSchrift.com 74/2013 einleitend: »Die Organmafia ist auf dem Vormarsch. In allen europäischen Ländern gehen die Bemühungen dahin, dass ›hirntote‹ Menschen bei lebendigem Leib ausgeweidet werden dürfen, ohne dass irgendjemand das verhindern könnte … Der Organhandel ist bereits heute schon das zweitgrößte Geschäft weltweit, gleich hinter dem Handel mit Waffen und noch vor dem Handel mit Drogen. Und es soll noch viel größer werden zum Wohl profitorientierter Spitäler, zum Wohle der Pharmaindustrie, die mit immunsuppressiven Medikamenten und weiteren Folge-Medikamenten für Organempfänger ein Vermögen verdient.«

Deshalb also diese weitere Schrift.

Die Antwort der Kirchen

Sucht man die Wahrheit auf die Frage: »Ist Organtransplantation ein Akt christlicher Nächstenliebe oder ein Mordsgeschäft und damit Gottes oder Satans Werk?«, liegt es für viele sicherlich nahe, die Antwort der Kirchen zu suchen. Diese gewährt die Erklärung der Deutschen Bischofskonferenz und des Rates der EKD, ein gemeinsamer Text zu »Organtransplantationen«, verfasst von einer Arbeitsgruppe unter dem 02.07.1990. Das Vorwort zu dieser gemeinsamen Erklärung unterschrieben seinerzeit am 31.08.1990 die Bischöfe Martin Kruse, Vorsitzender des Rates der Evangelischen Kirche in Deutschland, und Karl Lehmann, als damaliger Vorsitzender der Deutschen Bischofskonferenz. Dieses Vorwort lautet:

> »Die Deutsche Bischofskonferenz und der Rat der Evangelischen Kirche in Deutschland haben im Jahr 1988 eine Arbeitsgruppe zu Fragen der Gewebe- und Organtransplantationen eingesetzt. Dieses Thema wird bereits kurz behandelt in der Gemeinsamen Erklärung des Rates der Evangelischen Kirche in Deutschland und der Deutschen Bischofskonferenz in Verbindung mit den übrigen Mitglieds- und Gastkirchen der Arbeitsgemeinschaft christlicher Kirchen: Gott ist ein Freund des Lebens. Herausforderungen und Aufgaben beim Schutz des Lebens, Trier/Gütersloh 1989, S. 102-105. Die medizinische Forschung hat durch die Organverpflanzung neue Möglichkeiten erschlossen, um die Gesundheit vieler Menschen wiederherzustellen oder gar ihr Leben zu retten. Anliegen dieser Gemeinsamen Erklärung ist es, dazulegen, welche medizinischen, rechtlichen und ethischen Gesichtspunkte bei der Transplantationschirurgie zu beachten sind und wie vom christlichen Verständnis des Sterbens und des Todes her eine verantwortliche Stellungnahme gefunden werden kann. Die Kirchen sehen unter bestimmten Bedingungen, die in der Erklärung genannt sind, in einer Organspende durchaus die Möglichkeit, über den Tod hinaus sein Leben in Liebe für den Nächsten hinzugeben.
>
> Eine Organverpflanzung kann zwar das Leben verlängern, doch trotz aller Erfolge der Transplantationschirurgie sind dem ärztlichen Wirken auch hier Grenzen gesetzt. Gesundheitliche Gefährdungen oder Krankheiten können überwunden werden, doch der Tod kann dadurch nicht endgültig vertrieben werden. Darum bleibt die Frage nach dem Sinn des menschlichen Lebens und Sterbens bestehen und verlangt nach einer verlässlichen

Antwort, die im Leben und im Sterben Rückhalt und Orientierung zu geben vermag. Die dankbare Anerkennung des medizinischen Fortschrittes und gerade auch der Erfolge der Transplantationschirurgie muss mit einem nüchternen Urteil, mit Hilfsbereitschaft und mit der Erkenntnis der dem Menschen gesetzten Grenzen verbunden sein. Dann kann man auch heute Gott als den wirklich einzigen Herrn über Leben und Tod anerkennen und Ihm allein die Ehre geben.

Wir danken der Arbeitsgruppe für das intensive Gespräch zwischen Medizin in Theorie und Praxis, Recht, pastoraler Sorge um den kranken Menschen und theologischer Ethik. Bei dieser Gelegenheit möchten wir es nicht versäumen, den Forschern und Ärzten, Schwestern und Pflegern sowie allen, die sich um die kranken Menschen sorgen, für ihre Bemühungen für die Erhaltung und Wiederherstellung der Gesundheit ein aufrichtiges Wort des Dankes zu sagen. Der Dank gilt vor allen Dingen dem barmherzigen Gott, der durch die Hilfe von Menschen so viel Gutes wirken lässt.«

In der gemeinsamen Erklärung wird unter »6. Folgerungen und Empfehlungen« abschließend ausgeführt:

»Mit Dank und Respekt wissen die Kirchen zu würdigen, welche neuen Wege medizinische Forschung und ärztliche Heilkunst eröffnet haben. Menschen, die wegen unheilbarer Erkrankung eines lebenswichtigen Organs bitterem Siechtum oder alsbaldigem Sterben ausgesetzt sind, können Hilfe erfahren, wenn ihnen durch Transplantation ein neues Organ eingesetzt werden kann. Manchem Menschen mag es schwerfallen, mitzuvollziehen, welchen raschen Fortgang die wissenschaftlichen Erkenntnisse und ihre praktische Anwendung nehmen. Dürfen wir alles in die Tat umsetzen, was wir können? Die unantastbare Würde des Menschen bestimmt die Grenzen, die unbedingt zu achten und einzuhalten sind. Im Blick auf die Möglichkeiten, die die Transplantationschirurgie erschlossen hat, kann die Einsicht weiterhelfen, dass sie dem recht verstandenen Wohl des Menschen zu dienen vermag. Verantwortliches Mitdenken aller ist darum erforderlich, damit ärztlichem Können gebührendes Vertrauen und öffentliche Unterstützung entgegengebracht werden.

Wir wissen, dass unser Leben Gottes Geschenk ist, das Er uns anvertraut hat, um Ihm die Ehre zu geben und anderen Menschen zu helfen. Diese Bestimmung unseres Lebens gilt bis zum Sterben, ja, möglicherweise über den Tod hinaus. Denn irdisches Leben schwer kranker Menschen kann gerettet werden, wenn einem soeben Verstorbenen lebensfähige Organe entnommen werden dürfen, um sie zu transplantieren. Wer darum für den Fall des eigenen Todes die Einwilligung zur Entnahme von Organen gibt, handelt ethisch verantwortlich, denn dadurch kann anderen Menschen geholfen werden, deren Leben aufs Höchste belastet und gefährdet ist. Angehörige, die die Einwilligung zur Organtransplantation geben, machen sich nicht eines Mangels an Pietät gegenüber dem Verstorbenen schuldig. Sie handeln ethisch verantwortlich, weil sie ungeachtet des von ihnen empfundenen Schmerzes im Sinne des Verstorbenen entscheiden, anderen Menschen beizustehen und durch Organspende Leben zu retten. In diesem Zusammenhang wird deutlich, wie wichtig es ist, das allgemeine Bewusstsein für die Notwendigkeit der Organspende zu vertiefen. Es warten viele Schwerkranke bzw. Behinderte auf ein Organ, weit mehr als Organe für Transplantationen zur Verfügung stehen. Die Ärzte und ihre Mitarbeiter, aber auch die christlichen Gemeinden sind aufgerufen, ihren Beitrag zur sachlichen Aufklärung der Bevölkerung zu leisten, um mehr Möglichkeiten der Transplantation zu verwirklichen. Aus christlicher Sicht ist die Bereitschaft zur Organspende nach dem Tod ein Zeichen der Nächstenliebe und Solidarisierung mit Kranken und Behinderten.«

In den seitenlangen Gründen dieser Erklärung ist u.a. zu lesen:

»Ein alter Wunsch der Menschheit ist in Erfüllung gegangen: Organe können zur Lebensverlängerung oder zur Verbesserung der Lebensqualität Schwerkranker verpflanzt werden ...«

»Die beiden Grundsätze: ›Das Wohl der Kranken ist oberstes Gesetz‹ und ›Dem Kranken nicht schaden‹ gelten auch für die Transplantation.«

»Der Empfänger eines Organs braucht keine Änderung seines Wesens zu befürchten, kann aber zuweilen bedenken, dass er das Organ eines anderen, meistens verstorbenen Menschen, in sich trägt ...«

»Ein lebender Spender darf mit seiner Organspende nicht seinen Tod herbeiführen. Er darf also nur ein paariges Organ (z.B. eine Niere) spenden, von unpaarigen Organen und Geweben nur Teile. Ganze lebensnotwendige Organe dürfen überhaupt nur von Toten entnommen werden ...«

»Wer sich zu Lebzeiten zur Organspende nach seinem Tod äußert, nimmt seinen Angehörigen die zuweilen schmerzliche Last einer Entscheidung ab und erspart ihnen die Not von Mutmaßungen über seinen Willen ...«

»Die Empfänger von Organen können in den meisten Fällen durch die Transplantation eine langfristige gute körperliche, seelisch-geistige und soziale Rehabilitation erreichen ...«

Die Erklärung befasst sich weiter mit der Organverteilung, deren ethische Beurteilung, den Spendern von Gewebe und Organen, nämlich den Lebenden und denen von Toten. Dort heißt es u.a.:

»Die Eignung zu einer Organspende hängt nicht allein vom Alter ab. Auch Gewebe und Organe älterer verstorbener Menschen können transplantiert werden.«

Unter der Überschrift »Sichere Feststellung des Todes« heißt es u.a.:

»Der äußere Unterschied zwischen Herztod und Hirntod kann irrtümlich so gewertet werden, als ob Gewebe und Organe schon vor und nicht erst nach dem Tod des Spenders entnommen würden …«

»Der Hirntod bedeutet ebenso wie der Herztod den Tod des Menschen …«

Unter »Rechtliche Grundlage der Organentnahme von Toten« heißt es u.a.:

»Der Hirntod ist heute in fast allen Ländern als das maßgebliche Merkmal für den Tod des Menschen anerkannt …«

»Als Rechtfertigungsgrund für die Organentnahme kommen nach derzeit geltendem Recht die vom Spender selbst zu Lebzeiten oder nach seinem Tode durch seine Angehörigen erteilte Einwilligung in Betracht sowie der Notstand …«

»Fehlt es an einer ausdrücklichen Zustimmung des Verstorbenen, so können seine nächsten Angehörigen für ihn in die Organentnahme einwilligen …«

»Im Fall des Notstandes gilt: ›Den Interessen des Organempfängers am Weiterleben und erst recht am Überleben ist, bei allem Respekt vor dem fortwirkenden Persönlichkeitsrecht des Todes, Vorrang einzuräumen‹ …«

Unter »Ethische Beurteilung« heißt es u.a.:

»Die Organentnahme von Verstorbenen ist der Lebendentnahme eindeutig vorzuziehen, da hierbei niemand eine Beeinträchtigung seiner Gesundheit oder gar eine Gefährdung seines Lebens auf sich nehmen muss.«

»Das Recht auf Integrität des Leichnams besitzt keine absolute Gültigkeit. Es kann zurücktreten hinter der Solidarität mit einem Schwerkranken oder gar vom Tode bedrohten Mitmenschen. Für die Transplantation von Geweben und Organen eines Verstorbenen müssen folgende Bedingungen erfüllt sein:

- Die Möglichkeit einer Organentnahme darf die Bemühungen um das Leben des Spenders und seine Beatmung nicht behindern oder einschränken.
- Der Tod des Spenders muss vor der Explantation zweifelsfrei feststehen.
- Die rechtliche Voraussetzung der Explantation muss erfüllt sein.

- Der Eingriff muss die Würde des Verstorbenen achten und darf die Empfindungen von Angehörigen nicht leichtfertig verletzen.
- Die Organe müssen nach sachlich und ethisch vertretbaren Regeln verteilt werden.

Unter der Überschrift »Leben und Tod im christlichen Verständnis« erfährt man u.a.:

»Für den christlichen Glauben ist der Tod Ende der Pilgerschaft und Durchgang zum ewigen Leben. Das ewige Leben ist zwar bereits in unserem irdischen Dasein gegenwärtig, aber noch nicht in seiner ganzen unbedrohten Fülle. Wer glaubt, ist bereits jetzt vom Tod zum Leben hinübergegangen (vgl. Joh 5,24; vgl. Röm 6,13) …«

»Wenn wir den Tod als Durchgang zum ewigen Leben bezeichnen, dann führt er nicht ins Nichts hinein oder in eine häufige Wiederverkörperung der Seele (Reinkarnation), sondern wir können aus der Offenbarung sein Ziel angeben …«

»Vom christlichen Verständnis des Todes und vom Glauben an die Auferstehung der Toten kann auch die Organspende von Toten gewürdigt werden. Dass das irdische Leben eines Menschen unumkehrbar zu Ende ist, wird mit der Feststellung des Hirntodes zweifelsfrei erwiesen. Eine Rückkehr zum Leben ist danach auch durch ärztliche Kunst nicht mehr möglich. Wenn die unaufhebbare Trennung vom irdischen Leben eingetreten ist, können funktionsfähige Organe dem Leib entnommen und anderen schwer kranken Menschen eingepflanzt werden, um deren Leben zu retten und ihnen zur Gesundung oder Verbesserung der Lebensqualität zu helfen …«

»Zugleich kann in der Organspende noch über den Tod hinaus etwas spürbar werden von der ›größeren Liebe‹ (Joh 15,13), zu der Jesus seine Jünger auffordert.«

Die Erklärung endet mit den 15 Unterschriften der Mitglieder der Arbeitsgruppe, die diese Erklärung erarbeitet und formuliert haben. Alphabetisch beginnt sie mit Professor Dr. Heinz Angstwurm, einem Neurologen und Gutachter zu den Themen »Hirntod und Organtransplantation«. Er wirkte in einigen Gremien, Veranstaltungen und Schriften zum Thema »Hirntod« mit, etwa am Symposium der Päpstlichen Akademie der Wissenschaften zum Hirntod im Jahre 1989 und ist Mitglied der Kommission des Wissenschaftlichen Beirates der Bundesärztekammer zu Kriterien des »Hirntodes«. Zu den Unterzeichnern gehört auch Professor Dr. Ulrich Frei, seit 2004 Ärztlicher Direktor der Charité-Universitätsmedizin Berlin. Der Hirntod sei nicht Hokuspokus, sondern etwas sehr Fassbares. Er sei der Nachweis des Todes durch den kompletten Ausfall des Hirnorgans, nicht wie früher durch den kompletten Stillstand des Kreislaufs. Zu den für den Inhalt der Erklärung Verantwortlichen gehört auch Professor Dr. Werner Klinner. 1969 führte er gemeinsam mit einem anderen Chirurgen die ersten beiden Herztransplantationen in Deutschland durch. Transplantationen wurden fester Bestandteil des herzchirurgischen Spektrums und Klinner ebnete als Vorreiter dieser Entwicklung seinen Schülern den Weg.

Zu den geistlichen Unterzeichnern gehören der damalige Bischof, Professor Dr. Dr. Karl Lehmann, der damalige Landesbischof i.R., Professor Dr. Eberhard Lohse, Weihbischof Dr. Hubert Luthe und der Moraltheologe Professor Dr. Johannes Reiter. Die Unterschrift des herausragenden Mediziners gehörte dem damaligen Professor Dr. Rudolf Pichlmayr. Dieser war Chirurg und als Leiter der Abteilung für Abdominal- und Transplantationschirurgie der Medizinischen Hochschule Hannover einer der führenden Transplantationsmediziner in Deutschland. Die Einführung des Begriffs »Transplantationsmedizin« geht auf ihn zurück. 1973 wurde Pichlmayr Ordinarius am Lehrstuhl für Abdominal- und Transplantationschirurgie. Das Institut wurde unter seiner Leitung eines der weltweit führenden Forschungszentren der Transplantationsmedizin. 1988 nahm Pichlmayr die weltweit erste sog. Split-Live-Transplantation vor, bei der die Spenderleber geteilt und in zwei Transplantationsempfänger eingepflanzt wird. 1990 wurde Pichlmayr zum Mediziner des Jahres gewählt. Am 12.01.2006 wurde in Hannover die Alexis-Carell-Straße (benannt nach dem gleichnamigen Arzt und Nobelpreisträger) umbenannt in Rudolf-Pichlmayr-Straße. 65 Jahre alt ertrank Pichlmayr im Meer vor Mexiko.

Nach dieser von Medizinern, Theologen und Juristen erarbeiteten Erklärung, übernommen von der Deutschen Bischofskonferenz und dem Rat der EKD zu Organtransplantationen, ist:

    Gehirntod = Tod;

        ist der Gehirntote, dessen Herz noch schlägt, dessen gesamter Kreislauf noch funktioniert, bereits ein Verstorbener, dem zur Rettung des Lebens anderer schwer kranker Patienten seine noch voll lebendigen Organe entnommen werden dürfen;

        erleidet der Organempfänger keine Wesensveränderungen; diese »Leichen«-Organspende ist nach Überzeugung der großen Kirchen ein Akt der Nächsten- wenn nicht gar christlichen Nächstenliebe.

Im Vertrauen auf diese Erklärung haben unzählige Eltern gehirntoter Kinder und sonstige Angehörige im endgültigen Koma befindlicher Patienten der Spende deren Organe zugestimmt, um dann erst nach deren endgültigen Tod durch oder anlässlich der Organentnahme am Sterbelager aufgrund des Aussehens der Explantierten – u.a. deren schmerzverzerrten, gealterten Gesichtern und ergrauten oder weiß gewordenen Haaren – zu erkennen, dass diese durch die Explantation ihrer Organe auf dem Operationstisch einen überaus grausamen und schmervollen Tod gestorben waren!

Der Pressemitteilung der Deutschen Bischofskonferenz vom 06.10.2011 – 21 Jahre nach der vorgenannten Erklärung – ließ sich ein Statement des Bischofs Dr. Gebhard Feist, Vorsitzender der Untersuchungskommission Bioethik der Deutschen Bischofskonferenz, entnehmen. In diesem hieß es u.a.:

»Die Zahl der postmortal gespendeten Organe ist nicht signifikant gestiegen. Das ist eine Situation, die niemanden befriedigt. Deshalb ist es verständlich, dass nach neuen Wegen gesucht wird, um mehr Spender für Organe zu gewinnen. Schließlich ist die Transplantationsmedizin seit 20 Jahren so weit fortgeschritten, dass die Spende von Organen als medizinischer Standard gelten kann.

Aus ethischer Perspektive ist die Organspende durchaus ein Akt der Nächstenliebe. So haben sich die Kirchen bereits 1990 in einer gemeinsamen Erklärung für die Organspende ausgesprochen: Wer darum für den Fall des eigenen Todes die Einwilligung zur Entnahme von Organen gibt, handelt ethisch verantwortlich, denn dadurch kann anderen Menschen geholfen werden.«

Der Katechismus der katholischen Kirche formuliert klar und eindeutig: ›Die Organspende nach dem Tod ist eine edle und verdienstvolle Tat, sie soll als Ausdruck großherziger Solidarität gefördert werden.‹

Am selben Tage, dem 06.10.2011 gaben die Pressemitteilungen der Deutschen Bischofskonferenz das Statement des Weihbischofs Dr. Dr. Anton Losinger, Mitglied im Deutschen Ethikrat, anlässlich der öffentlichen Anhörung im Deutschen Bundestag, Ausschuss für Gesundheit, am 24.06.2011 bekannt. Darin heißt es, soweit hier von Interesse, u.a.:

»Sie (die Organspende) ist ein Zeichen der Hilfsbereitschaft, das in besonderer Weise Anerkennung, Hochschätzung und sogar Bewunderung verdient …«
»Die Wertung des Kriteriums ›Hirntod‹ ist stark umstritten und emotional aufgeladen …«

»Die Angst, bei vorliegendem Organbedarf von den Ärzten zu schnell für tot erklärt zu werden und die Organentnahme in einem medizinisch nicht mehr erfassbaren Bewusstseinszustand noch irgendwie mitzuerleben, wird von einer immer wieder aufflackernden philosophischen Kritik an der sog. Hirntod-Definition noch verstärkt. Diese kann sich auf zwei ernsthafte Gründe berufen: Zum einen erfolgte die Neuformulierung der Kriterien der Todeszeitfeststellung in der Tat aus programmatischen Rücksichten auf die gewandelten Erfordernisse der Intensiv- und Transplantationsmedizin, die eine definitorische Vorverlegung des Todeszeitpunktes erforderlich machte. Zum anderen kann die Differenzierung zwischen Gehirntod und biologischem Organtod einen unreflektierbaren Dualismus begünstigen, der im Widerspruch der Leib-Seele-Einheit des Menschen steht. Die entscheidende Frage lautet, ob der definitive Ausfall der Gehirnfunktionen trotz dieser Bedenken ein hinreichend sicheres Kriterium der Todesfeststellung geben kann, das mit der ärztlichen Pflicht zur Lebenserhaltung und dem Tötungsverbot vereinbar ist …«

»Die Richtlinien, die von der BÄK 1982 beschlossen und 1986 fortgeschrieben wurden, definieren den Hirntod als vollständigen und irreversiblen Zusammenbruch der Gehirnfunktion bei noch aufrecht erhaltenden Kreislauffunktionen im übrigen Körper. Damit ist der endgültige Ausfall der integrativen Großhirn- und Stammhirntätigkeit, also das Erlöschen aller Gehirnfunktionen gemeint, in der Regel nachgewiesen durch eine mindestens 30 Minuten andauernde hirnelektrische Stille und einen cerebralen Kreislaufstillstand. Die Entnahme von lebenswichtigen Organen ist erst nach Eintritt und Feststellung des Hirntodes möglich; sie erfolgt also an einem Menschen, der aufgrund des Ausfalls der integrativen Gehirnleistungen als tot angesehen werden muss, obwohl partielle Körperfunktionen noch intakt sind und der Gesamtkreislauf des Organismus bis zur Organentnahme durch eine Herz-Lungen-Maschine aufrecht erhalten bleibt.

Der Tod des Menschen ereignet sich in einem gesamten Prozess der körperlichen Desintegration und Devitalisation, ohne dass sein Zeitpunkt im Nachhinein exakt feststellbar wäre. Bei der verbindlichen Festlegung des Todeszeitpunktes, von dem ab die ärztliche Behandlungspflicht aufhört und die Organentnahme gestattet wird, ergeben sich in dieser Lage nur zwei Alternativen. Entweder man sieht den Eintritt des Todes erst mit dem Erlöschen der letzten biologischen Körperprozesse im Organismus als gegeben an oder man bewertet den irreversiblen Ausfall der integrativen Leitungsfunktionen des Gehirns als ausreichend sicheren *terminus ad quem*, der den Rückschluss auf den Tod der menschlichen Person erlaubt. Die medizinische Hirntoddefinition, die derzeit in fast allen Ländern eingeführt und von bedeutenden wissenschaftlichen Institutionen einschließlich der Päpstlichen Akademie der Wissenschaften anerkannt ist, wählt diesen 2. Weg und deutet den endgültigen Hirntod als einen sicheren Hinweis darauf, dass der Tod des Menschen bereits eingetreten ist …«

Am 25.05.2012 gab die Deutsche Bischofskonferenz die Pressemeldung Nr. 088 heraus, betreffend eine Erklärung des Vorsitzenden der Deutschen Bischofskonferenz, Erzbischof Dr. Robert Zollitsch, zur heutigen Entscheidung des Deutschen Bundestages über die Änderung des Transplantationsgesetzes. Darin heißt es u.a.:

»Wenn die Organspende, wie die Kirche formuliert, als Ausdruck großherziger Solidarität gefördert werden soll, dann bedarf es der Freiwilligkeit … So begrüßen wir, dass die Freiwilligkeit einer Organspende auch weiterhin gewahrt bleibt …«

Alle diese Schriften sind zu beziehen vom Sekretariat der Deutschen Bischofskonferenz, Kaiserstraße 163, 53113 Bonn und vom Kirchenamt der Evangelischen Kirche in Deutschland, Herrenhäuserstraße 12, 30499 Hannover.

Nachdem ich unter dem 20.04.2012 Frau Prof. Dr. Margot Käßmann angeschrieben und ihr meine Schrift »Organspende JA oder NEIN – Eine Entscheidungshilfe – Die verheimlichte Wahrheit« übersandt hatte, antwortete mir die Evangelische Kirche in Deutschland in Hannover, vertreten durch die Oberkirchenrätin Dr. Renate Knüppel, unter dem 04.06.2012 u.a. wie folgt:

»Sehr geehrter Herr Dr. Meinecke!
Die Luther-Botschafterin der EKD, Frau Prof. Dr. Käßmann, hat Ihr Schreiben und Ihre Materialien vom 20.04.2012 erhalten und lässt Sie grüßen. Sie dankt Ihnen für Ihren Brief und hat mich gebeten, Ihnen in ihrem Namen zu antworten.

Im Blick auf den Hirntod ist Folgendes zu sagen: Es lassen sich in den beiden Erklärungen der evangelischen und katholischen Kirche zum Thema Organtransplantation (1989 in der gemeinsamen Erklärung aller christlichen Kirchen in Deutschland ›Gott ist ein Freund des Lebens‹ und 1990 in einer separaten Schrift zu ›Organtransplantationen‹) Sätze finden, die im Sinne einer Gleichsetzung des Hirntodes mit dem Tod des Menschen gedeutet werden können. Hier ist zu berücksichtigen, dass beide kirchliche Äußerungen den damaligen

Stand der Einsicht repräsentieren, der aus heutiger Sicht in mehreren Hinsichten nicht mehr ausreicht. Faktisch hat die EKD diese Position bereits in ihrer Stellungnahme zur Bundestagsanhörung am 28.06.1995 modifiziert, indem sie darlegte:

›(1) Der Tod des Menschen ist ein komplexes Geschehen, das sich in naturwissenschaftlicher, philosophischer oder theologischer Perspektive unterschiedlich darstellt. Es ist hilfreich, den Blick auf den Tod des Menschen begrifflich und sachlich zwischen Definition des Todes, Kriterien des Todeseintritts und Methoden der Todesfeststellung zu unterscheiden. Die Frage des Zeitpunkts für die Explantation von Organen setzt keine Einigung über die unterschiedlichen Sichtweisen und Definitionen des Todes des Menschen voraus. Erforderlich ist lediglich eine verantwortungsvolle und gewissenhaft vorgenommene Verständigung, also Konvention, über den Zeitpunkt, von dem an die Entnahme eines lebenswichtigen Organs rechtlich und ethisch nicht mehr als Körperverletzung und Tötung angesehen werden.

(2) Eine ethische Beurteilung muss sich für die Festsetzung der Todeszeitbestimmung auf die medizinische Wissenschaft beziehen. Sie kann nur darauf bestehen, dass die Kriterien eindeutig festgelegt und allgemein nachprüfbar sind. Diesen Nachweis zu erbringen und zu begründen ist wiederum Sache der medizinischen Wissenschaft. Im Interesse der Rechtssicherheit muss eine eindeutige Grenze des Rechtsschutzes für das Leben des Menschen gezogen werden.‹

Die EKD hat darüber hinaus am 25.06.1997 eine Erklärung zu der Verabschiedung des Transplantationsgesetzes veröffentlicht, in der ausgeführt wurde:

›Auch die in der Minderheit gebliebene Position war bereit, den sog. Hirntod als Zeitpunkt für die Entnahme von Organen zu akzeptieren. Die getroffene gesetzliche Regelung verzichtet darauf, den sog. Hirntod ohne Weiteres mit dem Tod des Menschen gleichzusetzen oder überhaupt eine Definition des Todes des Menschen vorzunehmen. Sie beschränkt sich darauf, die Feststellung des Todes des Organspenders an den Stand der Erkenntnisse der medizinischen Wissenschaft zu binden. Dies ist ein hilfreicher Beitrag, um die fortbestehenden Unterschiede jedenfalls zu mildern. Die Regelung ist auch offen dafür, neuen Erkenntnissen der medizinischen Wissenschaft Rechnung zu tragen.‹

Insofern ist die Problematik auf evangelischer Seite durchaus seit Jahren deutlich, zumal es ja auch im Vorfeld des Transplantationsgesetzes eine

intensive ethische Kontroverse über die Frage gab, ob der Hirntod den »Tod« des Menschen darstelle.
Der Rat der EKD ist sich darüber einig, dass über das Hirntod-Kriterium als Voraussetzung für eine Organentnahme neu nachgedacht werden muss. Über den Zeitpunkt, wann der Mensch wirklich tot ist und wann man dessen Körper verwerten darf, herrscht seit den ersten Transplantationen Ende der 1960er Jahre Uneinigkeit. Die wissenschaftlichen Zweifel darüber, ob mit dem Ausfall des Gehirns der Organismus aufhöre, ein integriertes Ganzes zu sein, sind nie verstummt und in den letzten Jahren neu aufgebrochen, nachdem auch der amerikanische Bioethikrat 2008 zugab – worauf Sie zu Recht hinweisen – dass eine umfassende körperliche Desintegration nicht stattfinde. Dies war neben dem unumkehrbaren Ende des Bewusstseins das 2. entscheidende Charakteristikum des Hirntod-Kriteriums. Es sollte daher Teil der Informationspflicht sein, vor dem Hintergrund des aktuellen medizinischen Forschungsstandes über die Problematik des Hirntod-Kriteriums aufzuklären.
Mit freundlichen Grüßen!
i.A. Ihre Renate Knüppel
Oberkirchenrätin«

Die Antwort Gottes durch seine Prophetin

Von den Kirchen, deren Anliegen es ist, das Wort Gottes zu verkünden, dürfen die Menschen eigentlich zu Recht erwarten, die Wahrheit zu erfahren. Indessen war dieses Vertrauen nicht in allen Fällen gerechtfertigt. Die Kreuzzüge, mörderische Verfolgung christlicher Sektierer, die Verfolgung und Verbrennung von Hexen und Ketzern, der Ablass eigener Sünden durch Zahlung von Geld, das Segnen kriegerischer Waffen usw., usw. offenbaren, dass es dem Herrn der Finsternis, dass es Satan immer wieder gelungen ist, die Kirchen vor Überzeugungen und Taten zu spannen, die mit dem Geist Gottes und christlicher Nächstenliebe überhaupt nichts mehr zu tun hatten, ja ihnen diametral entgegenstanden. Ist das auch beim Thema »Organspenden« der Fall, die die Kirchen als Akt christlicher Nächstenliebe bewerten?

Propheten sind religiöse Autoritäten, die durch das »Sagen« des göttlich Richtigen und Wahren gekennzeichnet sind. Durch sie – ebenso wie durch die Wortträger – spricht Gott zu den Menschen. Die Bibel stützt sich auf die Aussage von Propheten, das Neue Testament im Wesentlichen auf die von Jesus Christus, dem größten Propheten der Weltgeschichte, dem Fleisch gewordenen Wort Gottes. Aus der Sicht der Kirchen spricht Gott seitdem nicht mehr durch Propheten. Die Propheten stießen und stoßen nahezu ausschließlich auf den Widerstand des Klerus; gleich ob zu Zeiten Jesu Christi oder in unserer Zeit. Denn das reine, unverfälschte Wort Gottes ist häufig unvereinbar mit dem, was der Klerus aus menschlichem Geist dazugedichtet und/oder unterdrückt und als Wahrheit ausgegeben hat.

Ein Beispiel: »Der wesentliche und folgenschwerste Einschnitt und Eingriff in die Innere Religion und der entscheidende Schritt hin in das patriarchalische Hierseindenken war die Herausnahme der Reinkarnation aus der Lehre der Weisen und Propheten«, lehrt die größte derzeit lebende christliche Prophetin und Botschafterin Gottes, Gabriele, und fährt fort: »Auf dem Konzil zu Konstantinopel wurde im Jahr 553 durch Mehrheitsbeschluss verurteilt, was der frühchristliche Lehrer Origines lehrte, dass die Seelen der Menschen vor ihrer leiblichen Geburt als Geistwesen existierten und dass das Fallgeschehen sie in die Körperlichkeit führte. Gleichzeitig wurde der Glaube verurteilt, dass eines Tages alle Seelen und Menschen zu Gott zurückkehren würden. An seine Stelle setzte das Konzil die Lehre von der ewigen Verdammnis. Menschen also haben auf jenem Konzil die Lehre des Jesus von Nazareth verworfen: Die Botschaft von einem liebenden Vater-Gott, der niemanden verdammt, geschweige denn ewig, sondern alle Seelen und Menschen zurückführt – mit Hilfe der Erlöserkraft des Christus-Gottes, die wirksam wird durch Befolgung Seiner Lehre. Verworfen wurde das Wissen um die Vorexistenz der Seelen, eine der Grundlagen der Lehre von der Reinkarnation, die auch Jesus von Nazareth lehrte, wie aus anderen frühchristlichen Schriften hervorgeht. Es ist die Lehre, die in engem Zusammenhang steht mit dem Gesetz von Saat und Ernte. Die Wiederverkörperungslehre lässt uns Menschen verstehen, warum die Menschen im Abendland so geworden sind, wie sie sich heute darstellen. Menschen, die die Botschaft Gottes nicht begreifen konnten oder nicht begreifen wollten, weil ihre Interessen nicht darauf gerichtet waren, Gottes Willen zu erfüllen – haben die Lehren aus dem Reich Gottes entstellt und verändert. Die großen Weisheiten der Überbringer der Botschaft aus dem Himmel wurden von Selbstbeweihräucherern in das enge Rohr der Unbegreiflichkeit gezwängt. Die Gottesbotschaft wurde im Laufe der Jahrhunderte immer mehr und mehr vermenschlicht und den Wünschen und Ambitionen der veräußerlichten Religionsführer angepasst. Diese haben das Gottesbild und die Gesetze Gottes, auch das Reinkarnationsgesetz, »was du heute säst, wirst du morgen oder in einer weiteren Inkarnation ernten«, so gestutzt und zugerichtet, wie es eben die Religionsführer wollten. Weil die verwässerte Lehre der Amtskirchen immer unstimmiger, in sich widersprüchlicher wurde, legten die kirchlich ›Würdigen‹ das Mäntelchen ›Gottes Geheimnisse‹ darüber …«

»Hätten sich im Jahr 553 beim Konzil in Konstantinopel nur einige wenige der geistig Bewusstlosen anders entschieden, so wäre das ›Geheimnis‹ gelüftet und im Abendland wüssten die Menschen von der Existenz der menschlichen Seele vor ihrer körperlichen Einverleibung und damit über die Grundlage der Lehre von der Inkarnation Bescheid. Dieser unselige Beschluss raubte vielen Menschen das Wissen um den Sinn und Zweck ihres Erdenlebens. Sie kannten die Zusammenhänge ihres Schicksals nicht mehr, wussten nicht, dass die Bedingungen für die Eingeburt der Seele in andere Welten, also in das Jenseits, von dem Verhalten des Menschen in seinem Erdenleben abhängen, je nachdem, was der Mensch gedacht, gesprochen und getan hat, und sie wussten nicht, dass die Wiederkunft der Seele als Mensch dazu genutzt werden sollte, um wiedergutzumachen, was der Mensch in Vorinkarnationen verursacht hat …

Machen wir uns bewusst: Die fatale Folge dieser Unwissenheit ist, dass viele meinen, ihr egoistisches Denken und Leben, das Abwerten und Beherrschen ihrer Mitmenschen, das Quälen, Ausbluten und Morden von Menschen und

Mitgeschöpfen, der rücksichtslose Kampf gegen das Leben anderer, das Sein- und Habenwollen in seinen vielfältigen Varianten und, und, und brächte ihnen ungestraft nur Vorteil und Profit ein ...«

»Seit Konstantinopel ist ›christlich‹ letztlich nicht mehr christlich, sondern das ›Christentum‹ ist ein Werkzeug, ein Instrument in den Händen des Gegenspielers Gottes, des Widersachers, der Finsternis«. (Gabriele: Der Zeitgenosse Tod, S. 136–141; Verlag DAS WORT GmbH 97828 Marktheidenfeld)

Nicht nur die größte derzeit lebende christliche Prophetin Gabriele, eine Botschafterin Gottes, lehrt die Reinkarnation und die darauf ruhende Weltanschauung als Realität. Dies tat auch der vor ihr im vorvorjährigen Jahrhundert lebende Prophet Jakob Lorber. Aber auch große Geister hatten für sich die Reinkarnation und alle sich daraus ergebenden Fakten als Wahrheit erkannt wie z.B.: Seneca, Platon, Herodot, Ovid, Vergil, Pythagoras, Kirchenlehrer Rufinus, hl. Franziskus, Arthur Schopenhauer, Schleiermacher, Emanuel Kant, Joh. Gottlieb Fichte, Giordano Bruno, Friedrich der Große, Henry Ford, James Joyce, Herbert Fritsche, Thomas Edison, Joh. Wolfg. v. Goethe, Friedrich Schiller, G. E. Lessing, Franz Grillparzer, Conr. Ferd. Meyer, David Hume, W. B. Yates (Nobelpreisträger), G. W. Leibniz, Leo Tolstoi, Christian Morgenstern, Fr. Voltaire, Schelling, Honoré de Balzac, Arthur Schnitzler, Wilhelm Busch, Gustav Flaubert, Gerhart Hauptmann, Friedrich Nietzsche, Joh. Gottfr. Herder, Rudolf Steiner, G. F. Hegel, Luise Rinser, Elisabeth Noelle-Neumann, Elisabeth Kübler-Ross, Judy Winter, Christine Kaufmann, Shirly McLaine, Richard Wagner, Gustav Mahler, Jean Sibelius, J. B. Priestly, Leonhard Bernstein, Bruno Walter, Rainer Maria Rilke, Albert Stifter, Peter Rosegger, Charles Lindberg, W. Kandinsky, Piet Mondrian, Paul Gaugin, Kierkegaard, Emerson, Franz Beckenbauer, Harry Valerian, Marijke Amado, Kurt Allgeier, Arthur Findley, Walt Withman, Hermann Hesse und viele andere mehr.

Erkennt man die Reinkarnation und alle sich daraus ergebenden Fakten als Realität – der Wissenschaft ist dies längst gelungen –, wird verständlich, dass der angesehene Ober-Rabbiner Ovadia Yussef in einer Rede, die er am 05.08.2000 in Israel gehalten hatte, abgedruckt in der jüdischen Zeitung »HA ARETZ« äußerte:

»Die 6 Millionen Juden, alle jene armen Leute, die sich in der Hand all jener Bösen, den Nazis, befanden – geschah das alles sinnlos? Nein.
Sie waren Reinkarnationen früherer Seelen, die sündigten und andere zum Sündigen veranlassten und eine ganze Reihe von verbotenen Dingen taten, jene armen Leute, welche alle Torturen, Mühsale und Tode erleben mussten,

unter denen sie im **HOLOCAUST** getötet wurden. Sie alle waren reinkarnierte Seelen. Dieses Leben war nicht das erste, in welchem ihre Seele erschienen ist. Sie sind gekommen, um für ihre Sünden zu büßen. Wir müssen an diese Dinge glauben. Wer nicht daran glaubt, ist ein Ungläubiger.«
Die Zeitung ergänzte noch: »Mit dieser Rede habe der einflussreichste Rabbiner des heutigen Israel die Reinkarnation von einem Thema der Kabbalisten zu einem **Bestandteil der jüdischen Glaubenslehre** verwandelt.« Dass das Unrecht der Täter des Holocaust dadurch nicht im Geringsten gemindert wird, liegt auf der Hand. Auch für sie gilt: "Was du gesät hast, wirst du ernten".

Kehren wir zurück zu der Behauptung, dass Gott aus dem Mund der Propheten die Wahrheit verkündete, die häufig dem diametral entgegensteht, was die Kirchen als Wahrheit verkünden. Einer der größten Propheten der Vergangenheit war Jakob Lorber, genannt der Schreibknecht Gottes. Am frühen Morgen des 15.03.1840 hatte der gelernte Musiker in Graz eine Stimme, die aus der Nähe des Herzens gekommen war, gehört. Klar und deutlich vernahm er den Befehl: »Nimm den Griffel und schreib!« Dem entsprach er in der Folgezeit täglich 24 Jahre lang bis zu seinem Tode im Jahre 1864. Seine so nach Diktat niedergelegte »Neu-Offenbarung« enthielt 25 Bücher. Sie ergab nach seinem Tode 10.000 Druckseiten. Die umfangreichen Manuskripte Lorbers weisen keinerlei Veränderung auf. Denn was er nach diesem Diktat niederschrieb, war nicht sein Geistesprodukt. Der durch ihn so offenbarte Aufbau und die Größe des Weltalls wurden erst etwa ein Jahrhundert später durch die moderne Astronomie entdeckt bzw. nachvollzogen. Offenbart wurde durch ihn der Charakter des Lichtes, der Irrweg der materialistischen Wissenschaft, Existenz, Aussehen und Lehre der Vormenschen, zu seiner Zeit unbekannte Errungenschaften der Technik, wie rund um die Welt zu telefonieren, durch die Luft zu reisen und unter Wasser zu fahren. Durch ihn wurden die bevorstehenden Katastrophen der Apokalypse ebenso präzise beschrieben wie das wahre Christentum und das Ende der katholischen Kirche. Gott diktierte durch ihn auch die Reinkarnation als Faktum mit allem, was sich daraus im Einzelnen ergibt. Alle seine Schriften können bezogen werden vom Lorber-Verlag in 74321 Bietigheim. Einen Überblick über die Gesamtheit seiner Offenbarung verschafft das sehr empfehlenswerte Buch von Kurt Eggenstein: »Der Prophet Jakob Lorber verkündet bevorstehende Katastrophen und das wahre Christentum«. Darin befindet sich auf S. 55 ff. das Kapitel »Die Reinkarnationslehre, die Lehre von der Wiedereinkörperung der Seele und mehrfache Leben des Menschen«.

Die größte Prophetin, Lehrprophetin und Botschafterin Gottes unserer Zeit auf dieser Erde, war bis zu ihrem 45. Lebensjahr Hausfrau und Katholikin.

Als sie ungefähr 40 Jahre alt war, vernahm sie in sich eine Stimme, die sich »Die Allmacht Gott« nannte. Wochen und Monate vergingen, während deren Gabriele mannigfache Beweise erhielt, dass Gott, der Ewige, zu ihr sprach, es sich nicht um irgendeine Blendung oder Fälschung handelte. Die Stimme, Die ewige Wahrheit, rief sie auf, Sein Sprachrohr zu werden. Sie schulte Gabriele über einige Jahre und bildete sie Schritt für Schritt für das Wirken als Prophetin Gottes aus. Sie lernte das Wort Gottes aufzunehmen und auszusprechen und das Ewige Gesetz, Gott zu verstehen und zu erfüllen, sodass sich ihre Seele reinigte und wie eine Antenne auf den Weltall-Geist, den Ur-Ewigen-Geber Gott ausrichtete. Ihre derzeit mehr als 120 Bücher und Schriften, die Tausende Druckseiten füllen – von Quantität und Qualität niemals aus ihrem Wissen und Verstand als Hausfrau hervorgegangen sein können – selbst nicht aus dem eines gelehrten Professors –, sind zu beziehen vom Verlag DAS WORT, Max-Braun-Straße 2, 97828 Marktheidenfeld. Von dort können auch Prospekte bezüglich aller ihrer Produktionen kostenlos angefordert werden. Ein eigener Rundfunk- und Fernsehsender strahlt ihre Offenbarungen in vielen Sprachen inzwischen seit Jahren weltweit aus. Lebte der Prophet Lorber ein Leben lang in einem einzigen Zimmer, so sind es bei Gabriele 2 Zimmer, die sie bewohnt. Beides zeichnet der Propheten eigene Bescheidenheit und Selbstlosigkeit aus. Kostenlos lassen sich die Broschüren »Der Prophet« beziehen. Nr. 14 enthält das Gespräch der Prophetin Gabriele mit Kurt, der sich als Atheist bezeichnet. In diesem Gespräch äußert sich Gott durch seine Prophetin und Botschafterin Gabriele gegenüber dem Atheisten Kurt zur Organspende ab S. 89 wie folgt:

»Kurt ... Die kirchlichen Obrigkeiten bezeichnen die Organspenden als gottgewollt; sie gehören u.a. auch zur Nächstenliebe.

Werte Gesprächspartnerin, schau bitte nicht so ungläubig – ich habe hier den Beweis – lies bitte in der Erklärung der Deutschen Bischofskonferenz und des Rates der Evangelischen Kirche in Deutschland über die Organtransplantationen.

Gabriele: »Werter Gesprächspartner, darf ich aus dem gemeinsamen Text der Katholischen und Evangelischen Kirche, den du mir zeigst, einiges zitieren, bevor ich mich auf die Lehre des Jesus, des Christus, stütze, und auch die pharmazeutische Industrie und die blind Gläubigen mit einbeziehe?

Kurt: Zitiere nur! Das kann jeder lesen, denn es ist veröffentlicht.

Gabriele: Da heißt es im Vorwort auf S. 5: ›Die Kirchen sehen unter bestimmten Bedingungen, die in der Erklärung genannt sind, in einer

Organspende durchaus die Möglichkeit, über den Tod hinaus das eigene Leben in Liebe für den Nächsten hinzugeben.‹ Im gleichen Text heißt es auf S. 8: ›Der Empfänger eines Organs braucht keine Änderung seines Wesens zu befürchten …‹

Das Ungeheuerlichste lese ich hier auf S. 23: Da heißt es: ›Zugleich kann in der Organspende noch über den Tod hinaus etwas spürbar werden von der ›größeren Liebe‹ (Joh 15,13), zu der Jesus seine Jünger auffordert.‹

Es wird im Zusammenhang mit Organtransplantation viel vom Herz- oder Hirntod gesprochen. Eines muss bedacht werden: Kein Toter kann einem Lebenden sein Organ übertragen, sondern der sog. Tote hat noch seinen Herzschlag, es bestehen also noch verschiedene Funktionen im Organismus, auch wenn sie künstlich – durch Apparate – aufrecht erhalten werden. Auf jeden Fall ist die Seele solange an ihren Körper gebunden, wie das Herz schlägt. Der Herzschlag, ganz gleich, ob ihn der Körper noch aus eigener Kraft zustande bringt oder nur noch mit Hilfe von außen, weist darauf hin, dass Gott immer noch durch die Seele des Menschen atmet, der zur Organentnahme vorbereitet wird. Daraus ergibt sich, dass die Seele des Menschen sich noch im Körper befindet und noch Schmerzen empfindet, wenn das Herz aus dem Leibe genommen wird. Jesus sprach niemals von einer Nächstenliebe, die eine Organtransplantation gebietet. Jesus sagte: ›Folge du Mir und lass die Toten ihre Toten begraben!‹ Er sagte also nicht: ›Schlachtet eure Brüder und Schwestern aus, die von euch Totgesagten und erweckt Schwerstkranke durch Organtransplantation zum ›neuen‹ Leben.‹ – Eines Tages werden kirchliche Obrigkeiten und alle, die in einer Organtransplantation die ›göttliche Nächstenliebe‹ wissen wollen, das Weltall-Gesetz vernehmen, den All-Geist, der ihnen die Frage stellt: Kain, wo ist dein Bruder Abel?

Zu den geistig Toten, von denen Jesus sprach, gehören vor allem die kirchlichen Amtsträger und alle, welche die ›Nächstenliebe‹ in Transplantations-Schlachthöfen praktizieren. Diese ›kirchliche Nächstenliebe‹ spricht man wieder einmal Jesus, dem Christus, zu, ähnlich wie das Töten bei den Kreuzzügen im Mittelalter, wo Menschen bei lebendigem Leib verbrannt wurden und Schlimmeres.

Kurt: Die ›Nächstenliebe‹ der Kirchen ist anscheinend immer auf das Hinschlachten bezogen.

Gabriele: Heute reicht die ›kirchliche Nächstenliebe‹ bis zur pharmazeutischen Industrie, an der – soweit mir bekannt ist – u.a. auch die Kirchen

durch Wertpapiere mit beteiligt sind, um ihre Finanzskala noch höher zu schrauben. Dabei sollen natürlich auch die Krankenkassen nicht zu kurz kommen, denn sie erhöhen die Krankenkassenbeiträge, weil die Transplantationen – sprich ›kirchliche Nächstenliebe‹ – entsprechende Kosten verursachen. Wer bezahlt diese »Nächstenliebe«, die über die Krankenkassen zur Pharmazie und von der Pharmazie wiederum zu den Aktionären gelangt, zu denen auch die Kirchen gehören? Wieder mal das Volk. Und wer zahlt die kirchliche Hochfinanz? Wieder mal das Volk durch die Kirchensteuer und die Subventionen, die im staatlichen Steuersystem verankert sind.
Ich zitiere abermals Jesus, der sagte: ›Lasst die Toten ihre Toten begraben.‹ Die Kirche spricht sinngemäß: ›Ihr ›Totgeweihten‹ – wohlgemerkt, es sind Scheintote, nicht Tote – spendet eure Organe, um diese den ›Lebenden‹ zu übertragen, auch wenn diese schon zu den Totgesagten gehören.‹ – Das wäre, so meinen die Kirchen, die überaus große Nächstenliebe des Gottes, unseres Vaters, durch Jesus, den Christus, unseren Erlöser. Wer diese Scheinheiligkeit nicht durchschaut, der soll sich als Scheintoter aufsägen, seine Organe entnehmen lassen und so er sich Organe seines Bruders oder seiner Schwester wünscht, sich diese transplantieren lassen. Die Missachtung des Lebens, gleich, in welcher Form, hört wohl nicht mehr auf ...
Wo befinden sich die Seelen beider – die Seele des Bruders oder der Schwester, also der Hingeschlachteten, gleich Ausgeschlachteten und die Seele dessen, der ein Organ des nun ›Toten‹ empfangen hat? Nach dem Prinzip *Gleiches zieht Gleiches an* befindet sich die Seele bei dem, der mit dem Organ seines nun toten Bruders oder seiner toten Schwester lebt, denn im transplantierten Organ wirken die Lebensprogramme und die Gene des jetzt Toten weiter, also auch viele Kräfte, die auch in dessen Seele gespeichert sind.
Ich wiederhole noch einmal: Einem Toten kann man keine lebenden Organe entnehmen, also ist der Mensch nur hirntot, solange das Herz schlägt und der Körper ausscheidet, ist der Mensch nicht tot, auch wenn eine Maschine für den Herzschlag sorgt.
Wer kann beweisen, dass der von Menschen Totgesagte nicht doch noch zum Leben zurückfindet? Jesus hat nicht gesagt, dass scheintot gleich tot ist. Der Geist Gottes vermag alles. Er kann auch einen Scheintoten erwecken. Jesus hat das getan; Er hat Lazarus erweckt, den Jüngling zu Nayn, das Töchterchen des Jairus und andere mehr. Er, der Allweise Geist, kann auch einen Hirntoten, also einen Scheintoten, das Erdenleben weiter erhal-

ten, wenn dies gut ist für dessen Seele. Die kirchlichen Obrigkeiten wissen es natürlich besser als Jesus, der Christus.

Was eine Seele bei der Organentnahme durchmacht, dann, wenn sie vernimmt, was geschehen soll, und vor allem, wenn es geschieht, wenn der scheintote Körper mit einer Art Kreissäge aufgesägt wird und die Ärzte – überspitzt gesprochen – im Blut des Aufgesägten waten –, kann niemand ermessen.

Die unsagbaren Schmerzen gehen in die Seele dessen ein, der auf der ›Schlachtbank‹ liegt. Die Seele kann ihren Körper nicht verlassen, weil durch entsprechende Maschinen das Herz und alle weiteren Organe künstlich in Gang gehalten werden. Ich wiederhole bewusst ein weiteres Mal: Solange das Herz schlägt – auch durch das Einwirken von Apparaten –, ist Atem, also Leben, vorhanden. Atem ist das Leben; das Leben ist Gott. Atmet der Mensch – wie auch immer –, so ist die Seele noch an ihren Körper gebunden. Ist das Organ entnommen und werden die Maschinen beim Spender abgeschaltet, dann bleibt diese Seele bei ihrem Organ, das für die Transplantation vorbereitet wird. Ist es transplantiert, dann hängen zwei Seelen an einem Körper: die eine, die zum Körper gehört, und die andere, die zum transplantierten Organ gehört. Beide Seelen wollen »ihren Körper«. Was sich im Unsichtbaren abspielt, ist unterschiedlich, je nachdem, welche Programme im Spenderorgan und im Körper des Transplantierten aktiv sind.

Im Sichtbaren wird der Kampf dahingehend offenbar, dass die Schwingung des transplantierten Organs sich mit der Körperschwingung des Lebenden nicht verträgt; also werden lebenslang Medikamente verabreicht, welche die Abstoßung des fremden Gewebes verhindern sollen. Über das, was geschieht, wenn der Organismus das Spenderorgan abstößt und sich eventuell im Jenseits beide Seelen begegnen, die des Spenders und die des Empfängers, ist keine generell gültige Aussage zu machen; es kommt auf die Art ihrer persönlichen Eingaben entsprechend in die entsprechenden Planetenkonstellationen an. Auf jeden Fall sind an der Kausalität dieser sog. ›Nächstenliebe« die Vertreter der Kirchen erheblich beteiligt – und letztlich jeder, der diese kirchliche Scheinheiligkeit befürwortet, und sei es nur dadurch, dass er davon weiß und dennoch dazu schweigt.

Jeder Mensch hat seine Lebensprogramme. Wirken nun die Programme des Spenderorgans auf den Empfänger ein und umgekehrt, die Programme des Empfängers auf die Seele, die an dem Spenderorgan ihres ehemaligen

Menschen hängt, dann finden beide nicht mehr zu ihren persönlichen Lebensprogrammen. Das bedeutet, dass unter Umständen beide Seelen an die Inkarnationskette gebunden sind. So will es der Gegner der göttlichen Prinzipien! Das Prinzip des Widersachers *Trenne, binde und herrsche* reicht bis zur Organtransplantation und zur Genmanipulation oder gar zur Zeugung in der Retorte oder dem Klonen, aus einem mach zwei.

Es gibt keine fleischliche Auferstehung, sondern die geistige Auferstehung, die sich dann vollzieht, wenn diese Seele auf dem Weg zum Reich Gottes ›den Reinheitsgrad‹ erlangt hat, wodurch die göttlichen Prinzipien erwachen und die Seele zurückkehrt in die ewige Heimat, das Gottesreich, das ihr ewiges Sein ist.

Kurt: Wenn das stimmt, was du über die Vorgänge bei Organtransplantationen vorgetragen hast – es ist natürlich nicht nachweisbar –, dann ist das ein Horrorszenario. Und das geht doch möglicherweise lebenslang. Ich habe Berichte gelesen von Menschen, die z.B. mit einem fremden Herzen leben. Sie sind wesensmäßig verändert; sogar ihre Neigungen und Vorlieben sind andere, ihr ganzer Charakter. Das mutet an wie einem Frankenstein-Thriller entnommen! ...

Ja. Könnte Gott uns – so Er existiert – in dieser Situation überhaupt mit Seiner Gnade helfen? Was wäre, wenn Er ein Machtwort spräche? Wer würde sich darum scheren? Wer würde sich besinnen?

Gabriele: Er spricht Sein mächtiges Wort durch Propheten, heute eine Prophetin. Viele, viele hören es, und vielen ist es bekannt. Aber wer besinnt sich? Wer ändert sich und seine Lebensweise, sein Verhalten? Wenige.

Kurt: In unseren Gesprächen wundere ich mich immer wieder, mit welch einer Sicherheit und Logik du meine Fragen angehst und beantwortest. Woher nimmst du die Autorität, so zu antworten?

Gabriele: Ich empfange von der einzigen Autorität, die Gott ist. Ich, der Mensch, bin nichts; ich weiß nichts, ich bin nur Brunnen. Die Quelle, aus der ich schöpfe, ist Gott. Was ich sage, ist nicht von mir; ich, der Brunnen, übermittle die ewige Wahrheit nur mit meinen Worten. In meinem Innersten, in meinem Herzen bildhaft gesprochen, im Grund des Brunnens, wo die ewige Quelle fließt, in die ich schaue und von der ich empfange, weiß ich das, was durch mich zum sprachlichen Ausdruck kommen soll, ohne Zweifel ...«

Aus dem Mund der Prophetin Gabriele findet man etwas zur Organtransplantation auch in ihrem Buch »Der Zeitgenosse TOD – Jeder stirbt für sich allein. Das Leben und Sterben, um weiter zu leben«, S. 89 ff. u.a.:

»Gerade den Vorgang der Entnahme eines Organs erlebt der scheinbar Hingeschiedene, denn der Körper des Totgesagten darf bei einer Organentnahme noch nicht vollständig tot sein, weil sonst das entnommene Organ medizinisch-chirurgisch nicht mehr verwendbar wäre. Über lebenserhaltende Geräte wird sein Körper am »Leben« erhalten. Diese Maßnahme, wenn sie auch mit künstlichen Mitteln erfolgen, binden jedoch die Seele an ihren Körper, was besagt, dass das Informationsband, das u.a. wie gesagt die Schmerzen leitet, den Totgesagten noch mit Lebenskraft versorgt. Der scheinbar Hingeschiedene kann noch denken und fühlen, sich aber nicht mehr bewegen. Er hat unvorstellbare Schmerzen, kann sich aber nicht mehr bemerkbar machen und auch nicht mehr wehren. Diese schreckliche Situation ist leider allzu oft bittere und leidvolle Wirklichkeit.

Das entnommene Organ besitzt also noch Lebenskraft – es lebt, wie es ja auch von medizinischer Seite her vorgesehen ist. Im Organ sind die Informationen des Totgesagten. Diese Informationen prägen das Spenderorgan; es ist die Schwingung des Spenders. Wird nun dieses Organ in einen anderen Körper eingepflanzt, so kann dieser die Schwingung des »Spenders«, die im Organ lebendig ist, nicht annehmen, weil der Spender in einem ganz anderen Bewusstsein gelebt hat als der Empfänger, denn das Bewusstsein eines Menschen setzt sich aus den jeweiligen Inhalten seiner Gefühle, Empfindungen, Gedanken, Worten und Handlungen zusammen; es stimmt nicht mit dem Bewusstsein irgendeines anderen Menschen überein.

Der Empfänger des Organs hat also ein vollkommen anderes Bewusstsein. Infolgedessen sind es zum einen zwei verschiedene Schwingungsebenen, sodass der Körper des Empfängers bestrebt ist, das ihm fremde Organ wieder abzustoßen. Zum anderen ist es möglich, dass die Seele des nun hingeschiedenen Spenders durch sein Organ, das Spenderorgan, das in einem anderen Menschen ist, über dessen Bewusstsein – soweit dessen Charakterstruktur die Voraussetzungen hierfür bietet – agiert. Das kann bedeuten, dass ein Empfänger Teile der Programme des Spenders übernimmt und soweit zwangsläufig Bewusstseinsveränderung erfährt.«

Offensichtlich ist, dass das, was die großen christlichen Kirchen einerseits in Deutschland über die Organtransplantationen für diese werbend mitteilen, unvereinbar – ja völlig konträr – ist zu dem, was Gott durch die heute lebende größte christliche Prophetin, Lehrprophetin und Botschafterin Gottes offenbart.

Alle Schriften Gabrieles lassen sich beziehen beim Verlag DAS WORT GmbH, 97828 Marktheidenfeld.

Existenz und Inhalt der Offenbarungen der derzeit lebenden größten christlichen Prophetin, Lehrprophetin und Botschafterin Gottes auf der Erde, Gabriele in Würzburg, werden von allen Medien der Bevölkerung verschwiegen. Dies, obwohl diese Offenbarungen der größten Prophetin seit Jesus Christus durch einen eigenen Rundfunk- und Fernsehsender in vielen Sprachen weltweit übertragen werden. So groß ist die Macht der Kirche. Wessen Macht ist diese in Wirklichkeit?

Antwort Gottes durch Wortträger

Dr. Winfried H. Rosowsky aus Mönchengladbach-Rheydt, Diplom-Psychologe, Psychotherapeut und Erziehungswissenschaftler, der ein humanistisches Gymnasium besuchte und neben Psychologie, Psychotherapie, Erziehungswissenschaft, Musik auch katholische Theologie und Philosophie studierte, sammelt seit über 20 Jahren Gottesoffenbarungen, die durch Wortträger bekannt geworden sind. Wie der Propheten bedient sich Gott auch sog. Wortträger, um zu den Menschen zu sprechen.

Dazu gehören z.B. diese Worte Jesu Christi:

»Deshalb sandte ich immer wieder Propheten, Boten des Himmlischen Lichtes, durch die Ich die Christenheit einschließlich ihrer verblendeten Leiter belehren wollte. Sowohl die Geistlichkeit als auch der ihnen hörige Kirchenchrist verschmähten die Lehre des Ewigen. Die **Wortträger** des göttlichen Geistes wurden zum Schweigen gebracht, indem sie u.a. bezichtigt wurden, des Teufels zu sein. Viele der Getreuen Gottes traf ein hartes Schicksal, nämlich Verfolgung, Verschmähung und nicht zuletzt das Martyrium durch Folterinstrumente des Mittelalters. Dadurch erlitten viele auf grausame Weise den Tod. So sollte der redende Gott zum Schweigen gebracht werden. Die Auswirkungen erlebten nun die unwissende Christenheit und ihre Geistlichkeit.« (Aus Rosowsky: »Lasst euch nicht hinters Licht führen!«, S. 18)

Gottes Worte wurden z.B. wie folgt empfangen:

»Überall hin leite Ich Mein Wort und Ich weiß auch die rechten Mittel und Wege, dass die willigen Menschen im Besitz von Geistesgut kommen, das in Mir seinen Ursprung hat. Denn Ich weiß es, der willig ist, Mich anzuhören. Und Mir ist wahrlich alles möglich, auch dass Ich Selbst sie anspreche in der Form, die ihnen zuträglich ist …

Aber Mein Wort wird in der ganzen Welt gehört werden, denn ich brauche dazu immer nur ein williges Erdenkind, das Mir sein Herz öffnet und die Wahrheit unmittelbar von Mir empfangen kann. Und diese Wahrheit wird er dann auch weiterleiten, weil Ich die Menschen kenne, die empfangswillig sind und meine Erdenkinder zusammenführe, wo nur ein kleiner Fortschritt zu erwarten ist.« (W. Rosowsky, a.a.O., S. 11)

»Immer wieder ruft meine Stimme jenseits eures Raum- und Zeitverständnisses in eine Zeit, in euren Raum und immer wieder hören Kinder diese

Meine Stimme, nehmen die Schwingung auf, schreiben die Worte nieder und geben sie weiter an die, die sie aufnehmen wollen. Immer wieder spricht der Himmel zu euch. Versteht ihr dies? Wahrlich ich sage euch: Es sind Meine Boten, die zu euch sprechen: Boten aus der Helligkeit und Heiligkeit Meiner Himmel. Sie sind die Verbinder zwischen Meinem Reich und eurer Welt. Sie sind die Künder Meiner Worte und Ich sage euch: Achtet Mir Meine geistigen Boten! Ja, dies ist die Wahrheit, so wie die Wahrheit ist, dass Meine Stimme in den Herzen der Kinder erschallt, die Mir zugewandt sind, die Meine Worte hören wollen.« (Rosowsky; »Kleines Repetitorium, Grundlegende Aussagen Gottes aus unserer Zeit, Gottesoffenbarungen aktuell für 2011«, Seite 11, erschienen in keinem Verlag und unverkäuflich, jedoch verschenkt und gewandert um die ganze Erde.)

Wie folgt sprach der Himmlische Vater durch einen Wortträger im Dezember 2001:

»Weltkinder, Kinder dieser Welt, hört das Wort eures Himmlischen Vaters, der zu allen Zeiten durch Menschenmund gesprochen hat. Ich schweige nicht, und Ich habe nie geschwiegen. Was wäre Ich für ein Vater, der schweigt im Angesicht von Not und Sorge Seiner Kinder! Zu allen Zeiten sprach Ich durch Meine Kinder, und so spreche Ich auch heute durch Meine Getreuen. Hört auf mein Wort!« (Rosowsky, »Lasst euch nicht hinters Licht führen!« S. 101)

Den Kirchenvertretern gelten wohl folgende Worte Gottes:

»Ihr aber glaubet nicht an direkte Offenbarungen eures Vaters, ihr wähnet die göttliche Ansprache für abgeschlossen mit dem Wort Gottes, das ihr in der **Bibel allein** zu besitzen glaubet. Ihr erkennt Göttliche Offenbarungen nicht an, ansonsten ihr auch annehmen würdet, was zu wissen für euch nötig ist … Wie aber soll den Menschen ein Licht gebracht werden, wenn selbst ihr es nicht annehmet, die ihr euch berufen glaubt, den Menschen Mein Evangelium zu künden … Warum nehmt ihr nicht den direkten Weg zu Mir, und bittet Mich um Erhellung eures Geistes? Warum haltet ihr starr an einem verbildeten Geistesgut fest und versichert euch nicht, ob ihr in der Wahrheit wandelt, indem ihr Mich immer wieder darum angeht?« (Rosowsky: »Lasst euch nicht hinters Licht führen!«, S. 17)

Was offenbarte Gott in unserer Zeit über die Organtransplantation über Wortträger, soweit von Dr. Rosowsky gesammelt? Aus einer Gottesoffenbarung vom 14.12.2002 (»Lasst euch nicht hinters Licht führen!«, S. 40 ff.):

»Die Frage, ob Organverpflanzung in Meinem Sinne ist, ist schnell beantwortet. Wie kann eine absolut unnatürliche Handlungsweise Mein Wohlgefallen finden? Sie ist nicht in Meiner Ordnung und wird es auch nie sein, sondern sie ist – wie alles pervertierte Handeln dieser Zeit – ein zugelassenes Übel …

Nun ist jedoch in Einzelfällen, wenn Organe innerhalb der Familie zu Zwecken der irdischen Rettung ausgetauscht werden, zu hinterfragen, welches Grundmotiv der Handlungsweise obliegt. Oft wird es als Nächstenliebe ausgegeben, doch ist der geheime Grund oft die Angst vor dem Tode des geliebten Menschen, also letztlich gottloses Handeln, da das Vertrauen in Meine weise Führung grundlegend fehlt.

Es sind Lernprozesse, die nur zu oft nicht direkt in Mein Vaterherz führen, sondern wieder mehr der Weltmedizin, der Weltweisheit dienen. Lebten die Menschen in Meiner Ordnung, wäre solch ein Thema überhaupt nicht zu diskutieren und zu erklären. Schaut nur, meine Kinder, wie viel Machtmissbrauch in solchen Behandlungsmethoden liegt, wie viel Angst ausgenutzt wird, um Menschen zu Organspenden zu motivieren. Schauet, wie gar die offiziellen Kirchen-Institutionen diese Handlungsweise unterstützen durch Werbung; welche Gelder in diese unmenschlichen Forschungen fließen und welche Energie missbraucht wird, um ein Stück falsche Hoffnung zu fördern.

Die Leiber der Sterbenden werden gnadenlos ausgeschlachtet, während die Seele im Todeskampf zittert und ihre Seelensubstanzen zusammenzuklauben genötigt ist, um ihren Seelenleib im Jenseits wieder voll funktionsfähig in Empfang zu nehmen. Diese Seelen empfinden mit Schrecken, wie ihrem Leib sämtliche warmen Organe entnommen werden. Sie gelten als gestorben und somit als empfindungsunfähig und doch, solange der letzte warme Äther nicht ihrem Wesen in die geistige Welt entströmt ist, so lange empfinden sie noch tiefe Schmerzen und Qualen der Angst und Pein.

Selbst wenn sie im irdischen Leben ihr Einverständnis zur Organentnahme gaben, so ist ihnen der Schrecken einer solchen Handlung in ihr Seelenbewusstsein geschrieben, und wenn nicht alle Hilfe durch Meine Engel ihnen zukommen würde, sie wären nicht fähig, für lange Zeit auch nur einen Schritt in der Geisteswelt zu vollziehen, um ihr Leben im Jenseits weiterführen zu können.

Die Seelensubstanzen ihrer Organe liegen gefangen in Alkohol und Metall, entnommen von geistig unwissenden Ärzten, die für selbstverständlich human und voller Nächstenliebe ihr Verhalten erachten. Grund war jedoch häufig falscher Ehrgeiz, der einer solchen Forschung und falschen Wissenschaft Vorschub leistete. Diese Seelen warten nun vergeblich lange, dass die Seelensubstanzen zu ihnen zurückkehren. Sie sitzen wahrlich sozusagen in einer Warteschleife, und dies ist wiederum zugelassen des freien Willens der Menschen wegen. Leidet einer, leiden alle, wenn es ihnen auch nicht so bewusst ist, da sie sich an all das Leid und die Verkehrtheiten schon gewöhnt haben und sich in ihr Schicksal hineinfinden.

Geistig weiter entwickelte Seelen haben oft die Gnade, geistig trotzdem vorwärtszuschreiten, da sie sich schon mehr von der Materie ihrer Leiber gelöst haben und die Seele nicht gar zu sehr mit ihren Organen mehr verbunden ist. Solche Organe sind es dann aber auch, die im Leibe des empfangenen Patienten sehr schnell unbrauchbar werden und abgestoßen werden, da nicht genug Lebenskraft in solchen Organen mehr innewohnt. Die Seelensubstanzen entfliehen zu ihrem rechtmäßigen Besitzer. O, ihr blinden Menschenkinder! Habe Ich den Menschen erschaffen als Ersatzbank der falschen Begierden oder als unvollkommenes Geschöpf? Wäre nicht meine große Geduld und Zulassung diese Erdenschule von den Menschen so zu gestalten, wie es ihrem freien Willen und Forscherdrang entspricht, so würde Ich alles auflösen und der ewigen Vernichtung preisgeben und Mich in Meiner Gottheit in die Einsamkeit mit mir selbst zurückziehen. So ist der Mensch jedoch als ein Ebenbild zu Meiner Freude von Mir erschaffen, und so er in Meiner Ordnung lebte, wären solche Abartigkeiten niemals in diesem Ausmaße gewachsen.

Es ist diese Handlungsweise der Menschen jedoch wiederum nur ein Zeichen, wie weit das Ende dieser Zeit gediehen ist. Werden sogar Menschen in den armen Ländern der sog. *Dritten Welt* auf der Straße von organisierten Banden gejagt, gemordet und ausgeschlachtet, um ihre Organe zu verkaufen an reiche Länder, die einen Mangel an frischem Organmaterial zu verzeichnen haben, so müssen wir doch bedenken, dass sogar Sodom und Gomorrha in ihrer Verderbtheit und übergroßen Verworfenheit nicht so schlimm und kaltblütig handelten wie die Menschen dieser Zeit! …

Noch viele Gräuel verdecke ich vor den Augen Meiner Kinder, damit sie nicht gar zu sehr verzweifeln oder gar Meine Güte und Liebe anzweifeln, weil sie Grausamkeiten nicht verstehen würden und sich fragen: ›Warum lässt Gott dies alles nur zu?‹ – Und selbst die Antwort, dass der freie Wille das höchste Gut im Menschen ist, welches Ich ihm schenkte, würde sie nicht zufriedenstellen …

»Als größtes Geschenk gab Ich all Meinen Geschöpfen den freien Willen. Und dieser freie Wille verbietet, dass Ich Schranken setze. Gleichzeitig muss Ich aber sicherstellen, dass Meine Kinder bei all ihrem Tun zu Mir, der Liebe, zurückfinden.« (20.07.2005)

Aus einer Gottesoffenbarung vom 21.08.1994:

»Die andere Frage, ob die Implantationen von Organen von einem Menschen, der dem Sterben nahe ist – von dem ihr glaubt, dass er schon gestorben sei – in einen Körper, von dem man annimmt, dass er noch gesunden könnte – diese Dinge sind auf der gleichen Ebene zu sehen. Sie sind zu verwerfen.

Ein Mensch hat hier auf der Erde nur eine gewisse Zeit. Und diese Zeit liegt bei Mir. Und wer damit nicht zufrieden ist und sich gegen diese Zeit, die Ich ihm gegeben habe, auflehnt, derjenige geht auf die andere Seite und verabschiedet sich gewissermaßen von Mir. Er holt sich Hilfe, wo keine Hilfe geholt werden kann …

Ihr wisst, dass der Mensch, der dem Tode nahe ist und bei dem noch die elektrischen Energien vorhanden sind – d.h., es geht noch der Blutkreislauf, es wird noch verstoffwechselt – dieser Mensch ist noch nicht tot. Jedenfalls haben seine Seele und sein Geist seinen Körper noch nicht verlassen. Er hat zwar schon versucht, aus diesem Körper herauszukommen und ist manchmal auch schon draußen, aber es besteht immer noch eine Verbindung zwischen der Seele, dem Geist und dem Körper.

Aus diesem Grunde ist es ein furchtbares Erlebnis für das Wesen, das sich da *im Sterbevorgang befindet*, wenn es sieht, wie seine Organe aufgelöst werden, herausgeschnitten; und er wird z.T. auch noch richtige Schmerzen empfinden …

Wenn Ich euch heute sage – wenn jetzt dieser Mensch, der zum Gesunden befördert wird dadurch, dass er einen Teil des anderen in sich aufnimmt: Dieser Mensch ist von dieser Stunde an nicht mehr frei. Er kann nicht mehr frei sein, weil das Wesen, das sich von seinen Körperteilen getrennt hat und nicht der Verwesung übergeben hat, sondern diese Niere und diese Lunge arbeiten weiter – dieser Geist kann sich von seiner Lunge, die da noch im Gange ist, und seinen Nieren nicht distanzieren; d.h., dass dieser Mensch bis zum Ende des Lebens des anderen Menschen, der ja gesundet ist, in seiner Niere bleiben muss und mit ihm leben muss. Es geht einfach nicht anders.

Was das für eine grauenhafte Geschichte ist, könnt ihr euch ja vielleicht vorstellen – dass dieser Geist jetzt vielleicht zehn, zwanzig, dreißig Jahre mitgezogen wird, da sein muss auf diesem Lebenslevel – wie ihr sagt – desjenigen, der da auf diesem irdischen Planeten noch weiterleben muss. *Er muss diese lange Zeit in seiner Nähe bleiben und all das miterleben, was dieser Mensch jetzt erlebt.*

Er lebt also ein 2. Leben, obwohl er sein eigenes abgeschlossen hat, sein irdisches Leben alles gelernt hat, was er in dieser irdischen Phase hat lernen können. Und nun kann er nicht tun, was er tun wollte, d.h. in anderen Bereichen des Geistes oder der ›Halbwelten‹ – wie ihr sagt – noch etwas dazulernen.

Ihr müsst euch vorstellen, dass ihr ein Leben einfach mit einem anderen Menschen teilen müsst, mit dem ihr überhaupt nichts – aber überhaupt nichts gemein habt; denn er hat eine andere Phantasie, einen anderen Kopf, andere Vorlieben, andere Freunde –, Freuden natürlich auch. Er hat ein Umfeld um sich, mit dem ihr euch überhaupt nicht identisch wisst.

Könnt ihr euch vorstellen, wie schrecklich es ist für den, der immer mitmarschieren muss, obwohl er sich längst hätte davonmachen können? Könnt ihr euch vorstellen, was es bedeutet, in diesem Dasein zu existieren, sein zweites Dasein dort, wo man nicht hingehört.

Wenn ihr das alles hört, dann wisst ihr, dass solches von Mir nicht gewollt ist und dass es schrecklich ist, dass solches geschieht. Es ist wahrhaftig der Weg des Widersachers, der mit seinem Verstand, d.h. mit den Verstandeskräften, die er in den Menschen, die Mich nicht kennen und Mich nicht lieben, in Gang bringt. Darum besteht solches Geschehen. Und wer diesen Weg geht, ist in sich bestraft und hat die wahre Hölle zu ertragen.«

Beendet wird die Wiedergabe von Gottesoffenbarungen durch Wortträger im Rahmen dieser Schrift durch eine Gottesoffenbarung vom 01.01.2012 aus Norddeutschland, gesammelt von Dr. Winfried Rosowsky, die man überschreiben könnte mit:

Vom Frevel der Organtransplantation

»Die Liebe macht blind, sagt eines eurer Sprichwörter, denn ihr fehlt die Weisheit. Das heißt aber, dass die Liebe im Einklang mit der Weisheit gehen soll. Und so ist auch Meine Liebe beschaffen, denn wo die Liebe ist, ist auch die Weisheit. Die Weisheit entspringt der Liebe und umgibt sie wie die Lichtkorona eure Sonne. Sie ist wie ein geistiges Auge, das über ihr wacht. Sie regelt sozusagen den Ausfluss der Liebe. Meine Liebe ist absolut und würde sowohl das Gute wie auch das Böse unterstützen und gedeihen lassen. Das Böse, das nur alles an sich reißt, weil aus der Egoliebe, würde alles Gute, das sich verschenkt, weil aus der sich verschenkenden Liebe, mit der Zeit vernichten und über das Gute siegen. Das aber ist nicht Mein Wille. Denn Meine Liebe will nur das Gute gedeihen lassen und das Böse zur Umkehr bewegen. Sehet, und darüber wacht die Weisheit als das geistige Auge über den Ausfluss der Liebe.

Ihr Menschen aber sollt diese weise Liebe lernen, ihr sollt weise mit eurer Liebe umgehen. Eure Liebe wird immer weise sein, so sie das Seelenheil des Nächsten in den Vordergrund stellt. Gleich dämmerts euch auch schon. Was Ich damit meine, denn Meine Liebe beschenkt euch nicht grenzenlos wie das manche Eltern ihren Kindern angedeihen lassen und diese dann zum Prassen und Verschwenden erziehen. Meine Liebe ist eine weise Liebe, die in euch nur das Gute herausbilden möchte und das Böse zur Umkehr bewegen will. An der Frucht des Bösen sollt ihr es erkennen und daran arbeiten, dass das Böse zum Guten umgestaltet werden kann. Sehet und deshalb lasse ich auch Unangenehmes zu, das da sind Krankheiten und Leid jeder Art, und die sind der Ausfluss des Bösen.

Wenn ihr einem Alkoholiker Geld schenkt, damit dieser weiter trinken kann, so ist das kein Liebesdienst. Wenn ihr einen gesunden Bettler beschenkt, der die niedere Arbeit scheut, weil sie ihm als seiner unwürdig erscheint, so ist das kein Liebesdienst. Die Not ist eine Meiner Zulassungen, die der weisen Liebe entspringt. Könntet ihr jemals lieben, wenn ihr die Not, das Leid, die Krankheit nicht selber erlebt und ausgekostet habt? Die Liebe braucht auch einen Wertemaßstab, und dieser ist die Weisheit, die der Liebe signalisiert, was in der Ordnung ist und was nicht. Neben der sich verschenkenden Liebe sollt ihr auch noch den Wertemaßstab erlernen. Dieser Wertemaßstab, der Meinem Wort entspringt, soll euch genau so begleiten wie Mein Wort, das euch zu der sich verschenkenden Liebe hinführt. Warum muss Ich euch auf diese Ausbildung des Wertemaßstabes hinweisen? Dieser Wertemaßstab hat sich sehr ungünstig entwickelt. Er wird zu gerne unter dem Deckmantel der Nächstenliebe missbraucht. Wenn Katastrophen geschehen, wo große Opfer zu beklagen sind, so wird gleich von offizieller Seite auf die Mitleidsdrüsen der Menschen eingewirkt und zu Spendenaktionen aufgerufen. Doch nie werden die Verursacher benannt. Diese kommen – weil zu mächtig – davon.

Ich will damit nicht sagen, dass Mitleid nichts Edles ist. Ich will damit aber sagen, dass die Nächstenliebe oftmals missbraucht wird für unedle Zwecke, wo das Böse mit der Mitleidsträne überdeckt wird.

Und weil Ich schon bei dem Thema »Mitleid« bin, so möchte Ich euch auf eine sehr moderne Mitleidsträne der Nächstenliebe hinweisen, nämlich die Organspende. Ihr Menschen habt heute keinen Bezug mehr zum leiblichen Tod. Das ist für euch die größte Katastrophe. Ihr möchtet am liebsten ewig leben hier auf dieser Erde mit allen Makeln und Unzulänglichkeiten. Seht, Ich will auch, dass ihr ewig lebt, aber nicht so, wie ihr es gewohnt seid, sondern ohne diese Belastungen, ohne das Leid, ohne arm und reich. Doch weil ihr den Tod verabscheut, entstehen zwischen Mir und euch so viele Probleme, ja, viele Missverständnisse. Ihr sprecht vom materiellen ewigen Leben, Ich dagegen vom geistigen. Und weil ihr alle Meine Angebote, die Ich euch mache, und in verschiedenen Wortgaben verkündige, ablehnt, distanziert ihr euch von Mir und lebt euer Leben mit all den scheinbaren Höhen und Tiefen. Und so kommt es dann auch zu den gravierenden Auswüchsen über das Verständnis der Nächstenliebe. Und einer dieser Auswüchse ist die sog. Organtransplantation.

Sehet, Ich rufe einen Menschen aus diesem Jammertal ab, weil sein Zeitpunkt gekommen ist, der jedem bestimmt ist, ins jenseitige Reich einzugehen. Weil ihr aber den Sinn des leiblichen Todes nicht versteht, opfert ihr eure Körperteile, um Leben zu retten. Ihr fragt nicht, ob es der Seele des Organempfängers auch dienlich ist oder nicht. Ihr seht nur das Leben hier auf Erden und meint, mit eurem Leib – wenn euer Leben zu Ende geht – einem anderen das irdische Leben zu verlängern. Ich wähle den Tod eines Menschen so, dass dies der günstigste Augenblick für sein Seelenheil ist, d.h., dass die Seele auf dem kürzesten Weg das Ziel der Erlösung erreicht. Ihr aber vergreift euch an Meinem Heilsplan, den Ich für jeden von euch aufgestellt habe.

Weil dieses Thema so wichtig ist, so will Ich euch dies noch genauer beleuchten: Seitdem die Medizin erkannt hat, dass sie Organe auch austauschen kann und ihr das viel Geld einbringen würde, hat sie hierfür auch neue Maßstäbe gesetzt. Zunächst hat sie den leiblichen Tod zu ihren Gunsten neu definiert. Meine Definition ist, der Tod tritt ein, wenn die Seele den Leib verlässt. Dazu bleibt hier zu erwähnen, dass der Lösungsprozess von der Materie für manche Seele, die sehr materiell gesonnen war, sehr schmerzhaft sein und lange andauern kann. Seelen, die geistig weit entwickelt sind, werden dagegen einen kurzen und schmerzlosen Übergang erleben. Die Medizin dagegen, nachdem sie großes Interesse an Spenderorganen hat, hat den leiblichen Tod auf den »Gehirntod« festgelegt. Es ist eine Festlegung, die nicht der Wirklichkeit entspricht. Ich sagte schon, dass der Loslösungsprozess für manche Seele sehr schmerzhaft ist und längere Zeit andauern kann. Und so ist es auch bei der Organentnahme. Der Leib lebt noch bei der Organentnahme und empfindet jeden Schmerz, obwohl das Gehirn nicht mehr funktioniert. Ihr braucht euch nur vorzustellen, dass euch bei lebendigem Leibe euer Herz herausgerissen wird. Das sage Ich euch, weil Ich euch jeden unnötigen Schmerz ersparen möchte. Das ist die schmerzhafte Definition des Todeszeitpunktes durch die Medizin. Die andere Seite ist die, die ihr nicht sehen könnt, nämlich die schmerzhafte Seelenwanderung an dem geretteten Leib. Ja, die Seele des Organspenders hängt an dem Leib des künstlich Lebenden. Sie wird dazu gezwungen. Da das Spenderorgan sich gegen diese Zwangseinkerkerung massiv wehrt und versucht, den Fremdkörper abzustoßen, so erfand die Medizin Pharmaka, die dem Organ die Wehrkraft nehmen. Alles Erfindungen Meines Gegners, dem die Medizin erlegen ist.

Ich will nur auf das Wesentliche zu sprechen kommen, denn wollte Ich alle Punkte dieses Frevels beleuchten, so würde die Lebensspanne Meines Schreibers nicht ausreichen. Ein anderer Frevel aber ist, womit die Medizin wirbt, die Nächstenliebe! Ein jeder, der seinen Körper zur Organentnahme freigibt, wird zum Helden der Nächstenliebe. Selbst die Politiker sind bereits von dieser Art der Nächstenliebe überzeugt worden. Die Weisheit, von der Ich sprach, wird von den ach so weisen Medizinern mit den Füßen getreten, weil sie keine Weisen sind. Da waren ihnen die Mediziner des Mittelalters in diesem Punkte weit voraus. Deren Kunst war noch begleitet von der Liebe und der Weisheit. Die Kunst der heutigen Mediziner basiert aber nur auf ihrem mechanistischem Wissen, das ihnen mehr Unheil als Heil bringt. Daher die Zunahme der Krankheitsbilder. Das Heil der Seele berührt sie nicht, denn dieses bringt ihnen keine Einnahmen. Und ob da die Seele, an die die wenigsten von ihnen glauben, leidet oder nicht, ist ihnen egal. Nächstenliebe ist ein geistiger Akt im Interesse der Seele. Die Seele soll von dieser Liebe gewinnen, soll frei leben und nicht zum Sklaven eines materiellen Körpers werden. Das ist der Aspekt, nämlich dass die Seele des Organspenders zum Sklaven eines noch lebenden in der Materie gebundenen Menschen wird. Diese Unfreiheit aber ist ein noch zusätzliches Los einer in den meisten Fällen noch nicht ausgereiften Seele.

Ein anderer Aspekt aber ist die Seele des Organnehmers, die eine noch zwangsweise Verlängerung ihres irdischen Lebens bekommt. Der Organnehmer freut sich über seine Lebensverlängerung, ein Leben, das ihm meistens nur zur Last wird und der Pharmaindustrie und Medizin zum Gewinn. Er weiß nicht, was seiner Seele geschieht, weil er betäubt ist durch die Pharmaka, die seinen Körper zur künstlichen Funktion zwingen. Den günstigsten Übergang für seine Seele in das geistige Reich aber hat er versäumt. Was ihm das Weiterleben hier auf dieser leidvollen Erde bringt und zu welchem Vorteil das für seine Seele wird, wird er erfahren. Ein weiterer Aspekt sind die Ärzte, die diesen Frevel betreiben. Sie selbst betrachten sich als Lebensspender. Sie wissen um vieles, was nicht in Ordnung ist, treiben es aber trotzdem. Sie wissen um das falsche Spiel mit der Nächstenliebe, aber sie propagieren sie trotzdem. Sie wissen um die vielen Unzulänglichkeiten, und dass der Todeszeitpunkt eine Lüge ist, aber sie tun es trotzdem. Und alles nur des Ruhmes und des pekuniären Aspektes wegen. O wehe diesen Lakaien des Widersachers! Für diese gilt nur Mein: Wehe diesen, denn es wäre besser, sie wären nie geboren! Ja, diesen Frevel und dieses Leid lasse Ich zu, bis diese satanischen Handlungen an die Oberfläche der Grausamkeiten drängen und dieser Satanskult sich selber das eigene Grab schaufelt. Meine weise Liebe aber wird siegen. Ich lasse vieles geschehen, damit mancher Frevel für alle zutage tritt, auch wenn dabei viele leiden müssen, die Ich aber dann in meinem Reich reichlich beschenken werde. Dieses soll allen offensichtlich werden, denn nur aus den Fehlern, die ihr macht, lernt ihr. Wer aber Mich liebt und Meine weise Liebe annimmt, bleibt von all diesem Frevel verschont. Das sage Ich, euer Vater, in Jesus Christus! Amen!«

Der Wortträger dieser Offenbarung aus Norddeutschland möchte ungenannt bleiben. Sein Name und seine Anschrift sind jedoch Herrn Dr. Winfried H. Rosowsky bekannt.

Nochmals: Gottesoffenbarungen hat es zu allen Zeiten gegeben. Sie gibt es – wie wir sehen – auch heute noch, auch wenn die Kirchen davon nichts wissen wollen. Die Wahrheit ist das Zeichen – und wer reinen Herzens ist, wird sie sehen. Den anderen ist sie ein Gräuel.

Stimme eines geistigen Wesens

Für Materialisten erschöpft sich die Welt im Wesentlichen in allem, was sie mit ihren körperlichen Augen sehen, mit ihren Händen anfassen, mit ihren Instrumenten messen und wiegen können. Ein Jenseits besteht für sie nicht. Ebenso wenig existiert für sie eine Welt voller Lebewesen, die für unsere körperlichen Augen unsichtbar ist, sich mit den Händen weder greifen noch mit Instrumenten messen oder wiegen lässt. Für spirituell veranlagte Menschen existieren jedoch nicht nur Gott, Jesus Christus, Engel und Schutzgeister, sondern auch eine Vielzahl den körperlichen Augen unsichtbare Wesen, wie z.B. Elfen, Gnome und sonstige Naturgeister und geistige Wesen, die unsere Welt bevölkern. So ist z.B. Verena Stael von Holstein in der Lage, mit Naturgeistern und höheren geistigen Wesen zu kommunizieren. Wolfgang Weirauch hat sie eingeschaltet, um u.a. das geistige Wesen, das sich Etschewit nennt, welches im weiteren Sinne mit dem Wasser und dem Leben zu tun hat, über die Organtransplantation zu befragen. Wolfgang Weirauch hat über Verena Stael von Holstein die Fragen gestellt, ohne dass sich diese darauf vorbereiten konnte, die Fragen zuvor kannte. Sie ist bei der simultanen Übersetzung aus der Welt des Geistigen in keiner Weise bewusstseinsmäßig herabgedämpft, sondern hellwach. Sie wird also weder als Medium noch Orakel tätig. Sie besitzt vielmehr die Fähigkeit, die Sprache, in der sich die übersinnlichen Wesen ausdrücken, in menschliche Worte zu fassen.

Abgedruckt ist das über 85 Buchseiten lange Interview, das Wolfgang Weirauch über Verena Stael von Holstein mit Etschewit über die Organtransplantation hielt, im Heft 116 der von Wolfgang Weirauch 2012 herausgegebenen Flensburger Hefte. Wolfgang Weirauch, geboren 1953 in Flensburg, studierte Politik, Germanistik und Theologie, ist auch Vortragsredner und Mitarbeiter beim Fernstudium Waldorf-Pädagogik Jena. Das Heft 116 der Flensburger Hefte trägt den Titel »Vom Wesen der Organe – Spirituelle Hintergründe der Organtransplantation«. Es enthält zunächst Artikel des Peter Krause zu spirituellen Gesichtspunkten, zur Spende und zur Entgegennahme von Organen, sowie ein über 70 Buchseiten langes Interview Wolfgang Weirauchs mit Prof. Dr. med. Fintelmann über das Wesen der Organe.

Dem umfangreichen Interview mit Etschewit lassen sich z.B. folgende Äußerungen des Etschewit entnehmen: »Das Gehirn ist ohnehin der toteste Bereich des Menschen, denn dasjenige, was das Gehirn vollzieht, ist die permanente

Überwindung des Materiellen. Das ähnelt der brennenden Kerzenflamme, die das Wachs verzehrt. Das Gehirn ist aber auch etwas Lebendiges, da es ein wenig vom Ätherleib am Leben erhalten wird. Der Ätherbereich des Gehirns ist dasjenige, welches das Gehirn am Leben erhält. Wenn der Mensch stirbt – und definieren wir dies einmal so, dass er nicht mehr auf Fragen antworten kann –, zieht sich der Ätherleib in einem Zeitraum von 3 Tagen aus dem materiellen Leib heraus ... Das Gehirn stirbt deutlich eher als das Herz ... Aber wenn das Gehirn stirbt, ist der Mensch noch nicht tot ... Der Ätherleib hat eigentlich eine ähnliche Gestalt wie der materielle Leib ...«

Viele Seiten weiter heißt es dann u.a.: »Wolfgang Weirauch: Was erlebt der Mensch, der eigentlich einer Organspende zugestimmt hat, in diesem Moment, in dem er erkannt, dass er zumindest teilweise, z.B. im Bezug auf die nicht vorhandene Betäubung, hinters Licht geführt worden ist? Was erlebt er im Moment, in dem sein Bauch aufgeschnitten wird und er einen ungeheuren Schmerz durchleidet?

Etschewit: Auch bei ihm verschärft dies den Hass auf die Ausführenden. Das klingt jetzt etwas unfair, ist auch nur teilweise richtig, denn die Menschen, die ursprünglich einer Organspende zugestimmt haben, werden nun durch ihren Engel vor die Tatsache gestellt, dass sie sich besser hätten informieren können. Sie hätten wissen können, wozu sie eigentlich zustimmen. Das wird ihnen der Engel auf jeden Fall sagen, und er wird sie deswegen auffordern, ihren Hass zu mildern.

Weirauch: Wenn man den Schmerz, den der Organspender bei der Explantation empfindet, während des Lebens zugefügt bekäme, würde dann dieser Mensch schreien?

Etschewit: Ja.

Weirauch: Das reicht mir eigentlich. Der Schmerz ist also noch gewaltig, aber nicht ganz so schlimm, wie man es sich vielleicht in seinen schlimmsten Phantasien vorstellt?

Etschewit: So etwa.

Weirauch: Ist es für die Gesamtmenschheit von irgendeinem Vorteil, dass immer mehr Menschen eine Organspende als Spender oder Empfänger mitmachen?

Etschewit: Die Transplantation selbst ist eigentlich eine Perversion alter schwarzmagischer Praktiken, die heute auf einer sozial verklärten Ebene durchgeführt werden. Aus meiner Sicht – die Lebendspende schließe ich aus – ist es richtiger, einen maschinellen Ersatz im Körper zu implantieren als ein fremdes Organ.

Weirauch: Wie betrachtet der Mensch übersinnlich kurz nach diesem Vorgang seinen ausgeweideten Leib?

Etschewit: Das ist unangenehm für ihn. Dabei entsteht häufig ein Problem, denn viele erleben durch die Explantation eine Art Schock und finden danach ihren ausgeweideten physischen Leib nicht wieder. Das ist für sie eine unglaublich traurige Erfahrung. Denn der Mensch braucht seine Organe als Eingangstor zur Geistigen Welt. Aber die Organe sind weg. Oder sie sind in anderen Menschen. Oder sie sind in irgendwelchen Flugzeugen oder auf der Müllkippe. Wir in der geistigen Welt wissen, wie wichtig die Organe zur Wahrnehmung der geistigen Welt sind, und wir sehen dann, wie der Mensch, der in einer Art Schock bei der Explantation von sich zurückgetreten ist, allmählich wieder zu sich kommt und versucht, vielleicht noch zu retten, was zu retten ist, und dabei verzweifelt seinen physischen Leib sucht. Und sie bemerken dann, dass er ihn nicht findet. Der Leib ist ihm fremd geworden, wenn er ihn findet. Das ist sehr tragisch …

Weirauch: Wir kommen jetzt zu den dunklen Seiten der Organspende. Es gibt zahlreiche Fälle, vor allem in China, aber auch in Ägypten und anderen Ländern, bei denen Menschen gegen Geld umgebracht werden und als Organlieferanten dienen. Nehmen wir drei Fälle, zuerst den Fall aus Ägypten. Flüchtlinge aus Äthiopien, Eritrea und dem Sudan fliehen durch den Sinai nach Israel und werden dort wenige Kilometer vor der israelischen Grenze von Beduinenbanden überfallen und gefangen gesetzt. Man verlangt von ihnen etwa 2.000 Dollar, damit sie sicher über die Grenze gebracht werden. Sie haben aber schon ihr gesamtes Geld bei den ursprünglichen Schleusern bezahlt. Da niemand Geld hat, bietet man ihnen eine Alternative an, nämlich dass man ihnen die Organe entnimmt. Es kommen mobile Ärzte aus Kairo und schneiden die Flüchtlinge auf, entnehmen ihnen verschiedene Organe, und wer nicht sofort stirbt, wird notdürftig zugenäht und in die Wüste geschickt, wo er elendig verschmachtet. Was geht hier geistig vor, wenn man auf diese Weise Menschen gegen ihren Willen zu Tode bringt unter Vorspiegelung falscher Tatsachen, mit dem Hintergrund von brutalen Geschäftsinteressen?

Etschewit: Es entsteht dabei eine immense geistige Schuld, und zwar auf ganz verschiedenen Ebenen. Natürlich auf der Ebene derjenigen Menschen, die hier behandeln, denn sie wissen, was sie tun – also zumindest die Ärzte. Aber es entsteht auch eine hohe geistige Schuld bei dem dahinter stehenden System, welches diese brutale Organentnahme ermöglicht und bei den Organempfängern, die dies wissentlich in Kauf nehmen; vermutlich meist Ausländer … Die westliche

Welt hungert nach Organen und vielen ist es vollkommen egal, woher diese Organe kommen. Alle Agierenden laden sich selbst und der Gesellschaft, aus der heraus sie handeln, ein großes Schuldpaket auf, was aus der geistigen Welt äußerst kritisch und keineswegs positiv gesehen wird.

Weirauch: Was für ein Schuldkomplex entsteht zwischen zwei Menschen, wenn der Organempfänger – wissend um die Ermordung seines Organspenders – Organe von ihm nimmt? Und wie ist es bei einem Organempfänger, wenn er unwissend ein solches Organ eines Ermordeten nimmt?

Etschewit: Bei dem, der es weiß, wird die Schuld karmisch, und er muss sehr persönlich aus der geistigen Welt heraus und im zukünftigen Erdenleben an den Opfern Opfertaten vollbringen, um seine Schuld wieder auszugleichen. Das muss er ganz individuell vollziehen. Diejenigen, die Opfer des Systems werden, die gutgläubig in ein Krankenhaus gehen und gutgläubig ein Organ bekommen und nicht wissen, dass man ihnen das Organ eines ermordeten Sudanesen implantiert, laden auch Schuld auf sich, denn sie hätten fragen können, sie hätten sich informieren können. Denn wir leben in einer Informationsgesellschaft, und wer sich informieren will, der kann sich informieren. Aber er ist nicht so sehr mit einem persönlichen Karma belastet, muss nicht dem Opfer begegnen, sondern er wird ein allgemeines Opfer bringen müssen, sich in sozialen Organisationen einbringen müssen, um allgemein der Menschheit irgendwo zu helfen. Das ist jetzt allerdings nur ganz allgemein gesprochen, im Individuellen kann das ganz anders sein.

Weirauch: In China gibt es jährlich etwa 1.600 zum Tode verurteilte Strafgefangene, die man weitgehend als Organspender ausweidet, vermutlich in jedem Fall gegen den Willen dieser Menschen. Wie ist es geistig zu bewerten, dass man diese Menschen aufgrund des Rechtssystems Chinas zum Tode verurteilt und in einem weiteren Schritt ihre Leiber als Organspender verwendet, und zwar ganz offiziell?

Etschewit: Natürlich ist das negativ zu bewerten. Allerdings muss man zusätzlich bewerten, dass sich das chinesische System aus einer östlichen Kultur heraus entwickelt hat, die von vornherein das Individuelle des Menschen nicht als das Wichtigste des Menschen ansieht. Das muss dabei berücksichtigt werden. Sonst kann man die dabei entstehenden karmischen Zusammenhänge nicht verstehen. Diese Zusammenhänge haben dort mindestens eine 5000-jährige Tradition, wenn nicht länger. Ich will das nicht bewerten, ich will auch nicht darüber sprechen, dass man diese Zusammenhänge modernisieren müsste, ich will nur diese jahrtausendalte Tradition erwähnen. Aus diesem Grund muss die

Frage erlaubt sein, warum sich der betreffende Mensch einen karmischen Weg in die chinesische Kultur gesucht hat.

Auf der anderen Seite lädt dieser Staat natürlich ebenfalls eine immense karmische Schuld auf sich, wenn er die Organe seiner Menschen lukrativ vermarktet. Diese Menschen sind nach dem gültigen Recht dieses Staates verurteilt, sie sind von diesem Staat individuell beschaut worden. Das verändert die entstehende karmische Struktur, denn dadurch hat der Staat ein individuelles Karma mit dem Verurteilten, und es gibt zusätzlich einen Anteil Staatskarma gegenüber der Welt, weil China die Organe der Strafgefangenen vor allem an Ausländer liefert, die sie sich in China implantieren lassen.

Auf der anderen Seite stützt sich dieser chinesische Staat – er ist auch ein Wesen – auf seine alten gewachsenen Strukturen; das ist homogen. Inhomogen wird es aber an der Stelle, wo Menschen anderer Kulturen wissentlich mit Geld Organe von Menschen dieser Kulturen kaufen bzw. Chinesen wissentlich diese Menschen bedienen, um damit Geschäfte zu machen. Hier entsteht Schicksal zwischen Kulturen und Staaten. Das ist gerade bei China sehr interessant, weil es seine Zukunft mit pekuniären Interessen an anderen Kulturen verknüpft. China öffnet sich dadurch einer Kultur, die nicht die originäre Kultur ist, indem es gegenüber dieser Kultur schuldig wird. Vordringlich wird China natürlich gegenüber den Individuen schuldig, also den Strafgefangenen, aber genauso gegenüber einer Kultur, weil sie diese andere Kultur, die selbst fragwürdig ist, so gut bedient. China unterstützt die negative Ethik des europäischen und amerikanischen Systems. Daher wird China schuldig.

Gerade für den chinesischen Raum ist es zurzeit aktuell, wie hier Freiheit einziehen kann. Das ist derzeit eine große Frage, und um diese Frage ringen die Menschen momentan sehr mit der Staatsführung.

Weirauch: Wenn China dadurch schuldig wird, dass es die negative Ethik der Kulturen Europas und der USA unterstützt, wie schlägt sich diese Schuld konkret nieder?

Etschewit: Indem China zukünftig geistig den Auftrag erhalten wird, das Gute in den Kulturen auf eine ihnen angemessene Art zu fördern. Das wäre der Ausgleich der Schuld. Momentan bewirkt der Aufbau der Schuld, dass China intern eine unruhige Gesellschaft hat.

Weirauch: Der dritte Fall ist mit Abstand der schlimmste. In China gibt es die sog. Falun-Gong-Praktizierenden, die offiziell als Sekte bezeichnet werden, aber keine Sekte sind, die sich gesund ernähren, die meditieren und auf brutalste Weise vom chinesischen Staat verfolgt werden. Sie hatten 1999 17 Millionen

Mitglieder, eine Million mehr als die chinesische KP, und seitdem werden sie massiv staatlich verfolgt. In großer Zahl dienen diese Menschen als Organlieferanten. Sie werden inhaftiert, fast wie in einem Zoo gehalten, und je nach Bedarf werden sie als lebende Lieferanten für Organe und Gewebe genommen. Sie werden zu Tausenden umgebracht, weil man mit ihren Organen ein großes Geschäft machen will. Da es in China etwa 500 Transplantationszentren gibt, und da man offiziell damit wirbt, dass man jedes Organ in einer, spätestens zwei Wochen liefern kann, reicht die Zahl der jährlich 1.600 Strafgefangenen, die man auch dafür nimmt, bei Weitem nicht aus. Je nach Wunsch eines Organempfängers werden die Falun-Gong-Praktizierenden geschlachtet. Das ist aus meiner Sicht das Böseste, was ich seit dem Faschismus gehört habe. Was geht hier geistig vor, dass man ganz bewusst, staatlich über Militär-Krankenhäuser organisiert, unschuldige Menschen fängt, inhaftiert und für Organspenden umbringt, und zwar einerseits aus Hass gegen diese Menschen und aus Geschäftsinteressen andererseits?

Etschewit: Die Wirkungen sind für die chinesische Kultur deutlich negativ. Die chinesische Kultur müsste sich auf ganz andere Weise wandeln. Sie sieht das Geld als etwas ganz anderes an als z.B. die Europäer. Geld im chinesischen Kulturraum ist nicht die soziale Seite, die es in Europa teilweise hat bzw. das Geld haben kann und die von europäischen Organisationen teilweise auch sehr laut eingefordert wird. Diese soziale Seite des Geldes gibt es in der chinesischen Kultur kaum. Deswegen gibt es auch nicht die Forderung danach, dass Geld eine soziale Komponente haben soll. Geld ist in China mehr ein Schmiermittel, wobei ich das nicht einmal in der übelsten Weise der Bestechung meine, sondern Geld ist dasjenige, was die Dinge aneinander vorbei gleiten lässt. Diese Zusammenhänge wirken schuldmindernd auf das von dir eben Dargestellte.

Auf der anderen Seite – und das ist schuldverschärfend – ist es so, dass die Falun Gong-Praktizierenden in einem chinesischen Sinn die Freiheit entdeckt haben, und zwar die individuelle Freiheit. Sie haben entdeckt, dass sie selbst für ihren eigenen Körper und für eigenes geistiges Weiterkommen durch Meditation verantwortlich sein wollen und dass sie einen Schritt aus dem nur von staatlicher Seite Geführten herausgemacht haben und Teile ihres Körpers und ihres geistigen Fortschritts selbst in die Hand genommen haben. Und genau das wird momentan in China unterdrückt. Von daher hat es mit einer Sekte überhaupt nichts zu tun. Diese Entwicklung hätte eigentlich ganz China überziehen sollen, damit das Individuum auch dort zum Individuum werden kann. Und diese Tendenz der Falun Gong schafft einen enormen Druck gegen den chinesischen Führungsapparat, sodass dieser Apparat mit Gewalt, mit Menschenfängern und Folterern und Chirurgen in das Schicksal dieser Menschen eingreift. Das wird zu sehr viel Hass und blutigen Taten und Revolutionen führen. Es ist ganz kritisch zu sehen, was momentan in China gemacht wird, denn hierbei entsteht eine Geste mit einer ungeheuren Macht, die dermaßen entwicklungshemmend ist, dass dadurch dieses Potential möglicherweise in China sehr viel zerschlagen wird.

Weirauch: Das ist die innerchinesische Komponente im Staat. Was aber geschieht mit den konkreten Menschen? Diese eben angesprochene Praxis wird zwar in China in großem Stil durchgeführt, aber es könnte ja genauso gut in anderen Ländern praktiziert werden, wird ja vermutlich in kleinerem Ausmaß auch gemacht. Was entsteht geistig, wenn man Menschen in einer Art Zoo hält und sie bei Bedarf als Organlieferanten schlachtet, ohne jedes Recht für diese Individualität, ohne jedes Mitgefühl, und sie schlicht schlachtet, um damit einen anderen Menschen zu reparieren?

Etschewit: Das ist Faschismus und Hybris. Natürlich ist es auch Mord, vielleicht sogar ein kleiner Genozid. Aber der Faschismus und die Hybris liegen darin, dass die Ausführenden es mit einer Haltung machen, dass diejenigen, die sie umbringen, minderwertig sind und dass die, die die anderen umbringen, glauben, dass sie hochwertiger seien, dass sie dazu das Recht hätten. Das ist nicht nur eine Hybris gegenüber diesen Menschen, die sie umbringen, sondern vor allem auch eine Hybris gegenüber der geistigen Welt. Man macht sich zum Gott. Man missachtet die Schöpfung des Vatergottes. Und dies geschieht keineswegs auf einem seelisch unbewussten Niveau sondern auf einem individuellen erkennenden Niveau. Sie wissen, was sie tun …

Weirauch: Kannst du noch etwas über die entstehende Schuld erzählen?

Etschewit: Es entsteht gegenüber dem Christus eine immense Schuld.

Weirauch: Weil das Ich ignoriert wird?

Etschewit: Genau. Das ist das, was man niemals vergessen sollte! Bei den verschiedenen beschriebenen Praktiken der Organtransplantation geht es mehr um eine Schuld gegenüber dem Vatergott; an dieser Stelle, dem Mord an den Falun-Gong-Praktizierenden, geht es um die Schuld gegenüber dem Christus, denn man vernichtet eine Individualität, man ignoriert das Ich des Menschen. Man schaltet das Ich von vornherein aus …

Weirauch: Was entsteht im Wesensgliedergefüge des Empfängers, wenn er ein Herz implantiert bekommt – und zwar in einem normalen Fall einer Organspende und zweitens in dem Fall eines Ermordeten?

Etschewit: Lassen wir die unterschiedlichen Kulturen der Spender und Empfänger einmal beiseite. In dem einem Fall ist das Organ aufgrund des Karmas des betreffenden Menschen in die Nähe des Todes gekommen. Der Ermordete dagegen hat ein abgebrochenes Karma. Der Erste hat vermutlich ein vollständig oder annähernd gelebtes Karma. Das ist ein wesentlicher Unterschied. Im 1. Fall erhält der Empfänger nicht zusätzlich noch die Aufgabe, dem Spender dabei zu helfen, wieder Anschluss an sein Karma zu bekommen, sein Karma aufzulösen oder zu Ende zu bekommen. Das aber muss der andere, der ein Herz eines Ermordeten bekommt, vollziehen.

Weirauch: Was genau muss er tun?

Etschewit: Er muss dem Ermordeten während des eigenen Lebens, vermutlich meist nachts, helfen, sein abgebrochenes Karma zu bereinigen, damit er im nächsten Erdenleben einen guten Start bekommt. Und diese Aufgabe kann er schon während des Lebens mit dem neuen Herzen in der Nacht beginnen. Das muss nicht nur nachtodlich geschehen. Aber das muss der Herzempfänger wirklich tun. Und dadurch kann es geschehen, dass die eigenen nächtlichen Erlebnisse und Arbeiten zu kurz kommen, dass er also in der Nacht nicht so sehr am eigenen Karma weiter gestalten kann, denn diese Arbeiten stehen in einem solchen Fall hintenan.

Weirauch: Was ändert sich konkret im Leben dieses Menschen?

Etschewit: Er wird sich selber fremd. Er wird auch seinem Karma gegenüber fremd. Das hängt damit zusammen, dass er das Karma des anderen mit übernimmt. Er muss ja das Karma des anderen irgendwie zu Ende führen. Er muss eine Symbiose zwischen dem eigenen und dem fremden Karma durch das neu implantierte Herz hinbekommen, das ist nicht einfach! Und es ist noch schwieriger, wenn der andere aus einem ganz anderen Kulturkreis kommt. Im Extremfall kann man sich das so vorstellen, dass man zwei Leben gleichzeitig führt. Das ist natürlich im Einzelnen in der konkreten Welt nicht möglich, aber mit dem jeweiligen karmischen Hintergrund ist es schon so, dass man auf der einen Seite einen riesigen Haufen angefangenes eigenes Karma hat und nun kommt noch ein zweites Karma hinzu. Und diesen Karmaknoten muss er nun während des restlichen Lebens, wenn auch meist nachts, irgendwie zu lösen versuchen. Er lebt dann nicht mehr sein Leben.

Aus dem langen Interview wurde hier nur ein sehr kleiner Teil zitiert. Das lange ganze Interview gibt Einblicke in noch sehr viele andere Aspekte.

Antworten von Geistlichen

In den letzten Jahrzehnten ist es der Organtransplantationslobby mit erheblichem Werbeaufwand für das hervorragende Geschäft der Organtransplantation gelungen, fast alles, was Rang und Namen hat, hinter ihr Anliegen zu bringen. Das geschah bekanntlich durch dreierlei: Zum Ersten dadurch, dass die Spende von Organen nach dem eigenen »Tod« ohne eigene Kosten und angeblich ohne eigenes Leiden Gesundheit und Leben anderer Mitmenschen retten konnte, also ein Akt der Nächstenliebe – wenn nicht gar christlicher Nächstenliebe – war und ist, die hartherzige Weigerung anderen schwerkranken Menschen das Leben kostete. Zum Zweiten dadurch, dass denen, die es ganz genau wissen wollten, erklärt wurde, der Gehirntod sei dem tatsächlichen Tod wie er bisher bekannt war – gleichzusetzen. Das sei medizinisch wissenschaftlich erwiesen. Zum Dritten dadurch, dass Patienten mit verbrauchten oder kranken Organen erklärt wurde, dass sie mit dem Organ eines anderen Menschen ihr eigenes Leben in würdiger Weise um Jahre verlängern könnten.

Bereitwillig folgten der Organtransplantationslobby z.B. der Caritas-Verband e.V., das Deutsche Rote Kreuz, der ADAC, die Johanniter-Unfallhilfe, der Malteser-Hilfsdienst, Krankenkassen, das Herz-Zentrum in Berlin, der Bundesverband der Motorradfahrer, die Justiz, die Medien und die Politik.

Angesichts der überzeugenden Propaganda erlagen dem auch die großen christlichen Kirchen in Deutschland. Der im ersten Kapitel genannten Arbeitsgruppe, besetzt mit zuverlässigen und teils hochrangigen Mitarbeitern im Bereich der Organtransplantation, gelang es unschwer, den christlichen Kirchen die von ihnen ausgearbeitete Erklärung unterzuschieben, für die Bischof Martin Kruse, Vorsitzender des Rates der Evangelischen Kirche in Deutschland, und Bischof Karl Lehmann, Vorsitzender der Deutschen Bischofskonferenz, gerne das Vorwort verfassten und unter dem 31.08.1990 unterschrieben. Seitdem war bekannt, dass die beiden großen christlichen Kirchen in Deutschland die Organspende von angeblich Verstorbenen zum Zwecke der Organtransplantation als Akt christlicher Nächstenliebe bezeichneten und damit bewarben. Unzählige Menschen oder deren Angehörige hat das veranlasst, einer Organentnahme nach dem »Tod« des Spenders zuzustimmen. Dass der Gehirntod dem tatsächlichen Tod entspricht, wurde aufgrund der Behauptung, dass dies medizinisch erwiesen sei – was der Behauptung nicht entspricht –, gutgläubig ungeprüft übernommen von der Justiz, den Medien, der Politik usw. Selbst im amtlichen

Totenschein wurde der »Gehirntod« als ein weiteres sicheres Todeszeichen eingetragen.

Dabei ist es weitgehend geblieben, obwohl inzwischen von berufener, qualifizierter Seite erkannt und festgestellt wurde, dass der Gehirntote keineswegs bereits ein endgültig Verstorbener, sondern ein noch lebender, zumeist wohl noch im irreversiblen Sterbevorgang befindlicher schwer gehirngeschädigter Patient ist. Dass also durch die Organentnahme oder anlässlich der Organentnahme auf dem Operationstisch der dort zumeist festgeschnallte lebende Patient von den Transplantationschirurgen getötet wurde. Dass Derartiges von der Organtransplantationslobby um des finanziellen Gewinnes willen nicht bekannt gemacht wird, liegt auf der Hand. Stattdessen wird mit verkürzten und damit falschen und verlogenen Informationen ständig weiter Werbung für die Organtransplantation gemacht, auch von allen oben genannten Verbänden und Institutionen. Das neue Transplantationsgesetz von 2012 verfolgt das ausdrückliche Ziel, die Zahl der Organtransplantationen zu erhöhen. So ist es kein Wunder, dass auch einzelne Angehörige der großen christlichen Kirchen sich weiterhin für die Organspende und Organtransplantation einsetzen. Es passierte z.B. Folgendes: Der Pfarrer Andreas Hirsch (40) aus Violau bei Augsburg teilte im Pfarrbrief vom 10.10.2009 mit, der Organentnahme von Sterbenden sei zu widersprechen mit der Behauptung: »Der Körper des Spenders reagiert mit Bewegung, Grimassen und windet sich, soweit dem Spender nicht vorher ein Betäubungsmittel gegeben wurde. Doch selbst wenn ein Betäubungsmittel verabreicht wurde, erhöhen sich dennoch Blutdruck und Herzfrequenz. Das Herz schlägt weiter, bis der Transplantationschirurg es stoppt. Damit tötet der Arzt diesen Menschen direkt und entspricht so nicht Gottes Gebot ...« (tz 28.10.2009)

Daraufhin ließ Bischof Walter Mixa sofort richtigstellen, dass Hirschs Meinung nicht der katholischen Lehre entspreche. Außerdem wurde der Pfarrer aufgefordert, im nächsten Pfarrbrief dies richtigzustellen. Doch Hirsch weigerte sich und reichte stattdessen seinen Rücktritt ein. In Violau war Pfarrer Andreas Hirsch mit seinem Rücktritt seiner Suspendierung zuvorgekommen. Denn der Pressesprecher des Bischofs Walter Mixa hatte erklärt: »Wer nicht auf der Plattform des katholischen Glaubens handelt, kann im Bistum nicht als Seelsorger tätig sein.« Und im Weiteren: »Die Trennung von Pfarrer Hirsch sei freilich auch ein Signal an alle Gläubigen der katholischen Kirche. Diese müsse sich sicher sein, dass unsere Priester den Standpunkt der katholischen Kirche klar vertreten«. (Wertinger Zeitung vom 26.10.2009) Der Priester konterte, und die »tz« schrieb: »Er habe nicht vor, es den Menschen recht zu machen, seine Richtschnur sei einzig der Wille Gottes. Dieser ist jedem Christen bekannt durch das 5. Gebot: ›Du sollst nicht töten!‹. Bekannt gemacht ist er auch speziell im Hinblick auf die Organtransplantation durch den Mund der derzeit größten lebenden christlichen Prophetin Gabriele und den diversen Wortträgern, wie im 2. und 3. Kapitel dieser Schrift ausgeführt. Präsident des 2. Ökonomischen Kirchentages in München vom 12.–16.05.2010 war der Evangelisch-Lutherische Transplantationsmediziner Dr. med. Dr. phil. Eckhard Nagel aus Bayreuth. Die evangelische Kirche lehnt bekanntlich das Urwissen der Menschen von der Unsterblichkeit der Seele ab und behauptet stattdessen einen Komplett-Tod mit ewigen Höllenfeuer oder späterer Neuauferstehung durch Gott. Von den unsäglichen, furchtbaren Leiden von Organspendern will sie nichts wissen. Sie ignoriert auch die manchmal unsäglichen seelischen Leiden von Organempfängern.

Vom EKD-Ratsvorsitzenden Nikolaus Schneider stammt ein geistliches Wort zur Organspende vom 27.11.2012, in welchem es u.a. heißt: »Nach christlichem Verständnis sind das Leben und damit der Körper des Menschen ein Geschenk Gottes. Diese kann und darf er aus Liebe zum Nächsten und aus Solidarität mit Kranken einsetzen. Eine Entnahme von Organen verletzt nicht die Würde des Menschen und stört nicht die Ruhe der Toten. Unsere Hoffnung auf die Auferstehung bleibt davon unberührt« (EKD Hannover).

Einem Schreiben des Wilhelm Dresbach aus Augsburg an mich vom 04.01.2012 konnte ich entnehmen, dass der Weihbischof Anton Losinger das Unterschreiben eines Organspendeausweises als größte Tat der Nächstenliebe bewertet haben soll, zu der der Mensch fähig sei.

Aus dem Bereich der Geistlichen und Theologen wurden jedoch auch andere Äußerungen bekannt. Papst Benedikt XVI. erklärte in seinem Vortrag vom 07.11.2008 feierlich, dass aufgrund der Unantastbarkeit der Würde des Menschen Organe nur »ex cadavere« entnommen werden dürften, d.h., wenn der Mensch wirklich tot sei. So steht der Papst, der noch als Kardinal Ratzinger bereit zur Organspende war, (Akt christlicher Nächstenliebe), nach Erkenntnis der Wahrheit nicht mehr als Organspender zur Verfügung, wie aus einem Brief seines Sekretärs Georg Gänswein vom 05.01.2011 hervorgeht. Dr. Manfred Lütz, Theologe, Arzt und Mitglied im Direktorium der Päpstlichen Akademie für das Leben, äußerte sich in einem Radio-Interview wie folgt: » Was die Kirche sagen kann, ist: Man darf nicht jemanden töten, um an seine Organe zu kommen.« Bereits im März 1996 hatte der Erzbischof von Köln Joachim Kardinal Meisner erklärt: »Die Identifikation des Hirntods mit dem Tod des Menschen ist aus christlicher Sicht beim derzeitigen Stand der Debatte nicht mehr vertretbar. Der Mensch darf nicht auf seine Hirnfunktion reduziert werden. Weder kann man sagen, der Hirntod bedeutet den Tod, noch ist er ein Todeszeichen. Er ist auch kein Todeszeitpunkt.«

Dr. theol. Klaus-Peter Jörns, Professor für Praktische Theologie und Leiter des Institutes für Religionssoziologie und Gemeindeaufbau an der Theologischen Fakultät der Humboldt-Universität zu Berlin, Mitglied der Akademie für Ethik in der Medizin (Göttingen) und der New York Academy of Sciences, führte in seinem Beitrag »Der Hirntod ist nicht der Tod des Menschen« in dem Buch »Sterben auf Bestellung« S. 136 u.a. aus: »Aus allem folgt: Außer dem speziellen (und paradoxen) Interesse der Transplantationsmedizin, lebende Organe aus toten Menschen haben zu wollen, gibt es sonst kein Interesse daran, die Lebenszeichen – Hirntod der Menschen –, die sich vor oder während der Explantation zeigen, nicht als Lebenszeichen anzusehen ... ›Hirntote‹ sind Menschen, die sich in der letzten Phase ihres Sterbens befinden, also Lebende. Tot ist der Mensch erst, wenn sein Kreislauf zum Stillstand gekommen ist und er in keiner Weise mehr auf Reize aus der Umwelt reagiert. Da reichen die alten und unbezweifelten Todeskriterien aus, die auch in der Bevölkerung akzeptiert werden.«

Bischof Heinz Josef Algermissen aus Fulda führte in seiner Schrift »Ein irreführender Begriff« u.a. aus: »Einen Sterbenden im Hirnversagen für tot zu erklären, um bei einer Organentnahme eine Tötung zu umgehen, stellt eine willkürliche Setzung dar, die mit Redlichkeit als Voraussetzung für jede ethische Betrachtung nicht zu vereinbaren ist. Mit anderen Worten: Der Begriff ›Hirntod‹ suggeriert einen Zustand, der nicht den Tatsachen entspricht. Auch hier können wir feststellen, dass Sprache zur Vernebelung herhalten muss. Von der ›postmortalen Organspende‹ zu sprechen, geht von falschen Tatsachen aus, entspricht dem Tatbestand der bewussten Täuschung. Deshalb ist das sog. ›Hirntodkonzept‹ mit dem moralischen und ethischen Ansprüchen des Evangeliums nicht zu vereinbaren.«

In seiner Osterbotschaft 2012 hatte der Erzbischof von Berlin Rainer Maria Kardinal Woelki zum Schutz des Lebens aufgerufen. Er forderte zu Recht eine »transparente Debatte« über den Todeszeitpunkt des Menschen. Für Christen sei der Tod gleichbedeutend mit der Trennung von Leib und Seele. Gewichtige Argumente ließen jedoch daran zweifeln, ob dies im Fall von als »hirntot« erklärten Menschen tatsächlich schon der Fall sei. Wenn es sich jedoch bei »Hirntoten« nicht um Tote handelt, müsse das Hirntod-Kriterium aus christlicher Perspektive auf den Prüfstand. Der Mensch dürfe niemals als Mittel zum Zweck missbraucht werden. (Kath. Sonntagszeitung 14./15.04.2012)

Stimmen von Juristen

Nachdem Christiaan Barnard 1967 in Südafrika das erste menschliche Herz transplantiert hatte, 1968 dem in den USA 70 Chirurgen gefolgt waren, in Japan ein Transplantationschirurg wegen Mordes verurteilt worden war, die Staatsanwaltschaft begonnen hatte, gegen die in den USA tätig gewordenen 70 Transplantationsärzte wegen Tötung der explantierten Patienten zu ermitteln, die Presse forderte, Christiaan Barnard wegen Mordes vor Gericht zu stellen, war in den USA das Harvard-Ad-Hoc-Commitee 1968 aus Juristen und Medizinern gebildet worden. Die lateinischen Wörter »ad hoc« bedeuten übersetzt: »Eigens zu diesem Zweck«. Nun, was war der Zweck dieser ominösen Kommission? Die Antwort lautet: »Straffrei an Organe von Lebenden zu kommen.«

Die von dem Harvard-Ad-Hoc-Committee gefundene verlautbarte Begründung lautete in dem hier interessierenden Teil:

»2) Überholte Kriterien für die Definition des Todes können zu Kontroversen bei der Beschaffung von Organen zur Transplantation führen.«

Als ich mich einer Sammelanzeige wegen Mordes gegen Organtransplanteure anschloss, teilte mir die Staatsanwaltschaft in Berlin mit, das Verfahren sei eingestellt worden mangels Tatverdachtes. Die Politik habe darauf erkannt, dass »gehirntot = tot« sei. Einen toten Patienten könne man durch die Organentnahme nicht mehr töten! Dass erst die Entnahme lebender Organe aus dem lebenden Leib eines schwer gehirnverletzten Patienten diesen tötet, interessierte die Staatsanwaltschaft daher offensichtlich nicht.

Arbeitsgrundlage der Staatsanwaltschaften und Strafgerichte in Deutschland ist der StGB-Kommentar von Tröndle. In diesem liest man in der 48., neubearbeiteten Auflage aus dem Jahr 1997 im 6. Abschnitt betreffend die Strafverfahren gegen das Leben in der Vorbemerkung zu den Tötungsdelikten wie Mord und Totschlag u.a.: »Schon 1968 hat das Ad-Hoc-Committee der Harvard Medical School den sog. Hirntod als Todeskriterium für maßgebend gehalten. Die Hirntod-Konzeption setzte sich in der medizinischen Praxis weltweit durch, wurde auch den Richtlinien der BÄK zugrunde gelegt als das ›irreversible‹ Erlöschen der gesamten Funktion des Großhirns, des Kleinhirns und des Hirnstamms bei einer durch kontrollierte Beatmung noch auftretenden Herz- und Kreislauffunktion.« Dort liest man dann auch, dass gewichtige und verfassungsrechtliche relevante Einwände gegen die Gleichsetzung von Organtod und Hirntod erhoben worden seien und wörtlich: »Zunehmend mehren sich Zweifel, ob bereits ein unumkehrbares Hirnversagen eine Todesfeststellung mit allen ihren Rechtswirkungen (sowie ihren versicherungs-, zivilrechtlichen und auch erbrechtlichen Folgen) rechtfertigt ... Während die Transplantationsmedizin den unumkehrbar Sterbenden als einen Toten mit noch erhaltener Körperfunktion definiert, sehen andere in ihm einen zu 97 % Lebenden ohne Gehirnfunktion. Bei einem Gehirntoten auf der Intensivstation bleiben die Herz- und Lungenfunktion sowie die reproduktiven Vitalfunktionen erhalten, was insbesondere auch die mehrfach beobachteten ›Hirntot-Schwangeren‹ belegen ... Ein solcher empirischer Befund legt die Annahme nahe, dass selbst der irreversible Hirntod lediglich als ein Übergangszustand im Sterbeprozess anzusehen ist ... Auch die Aussagen der BÄK über die diagnostischen Kriterien des Hirntodes ließen Zweifel am Sorgfaltsmaßstab in Bezug auf den Begriff ›Hirntod‹ aufkommen ... Die Einwilligung des Getöteten rechtfertige die Tat in keinem Falle.«

Unter Mord gemäß § 211 StGB versteht das Strafrecht die besonders verwerfliche Tötung eines anderen Menschen. Darunter fallen auch die gefährliche und unmenschliche Tatausführung. Darunter versteht man u.a. die Heimtücke und/oder die Grausamkeit. Heimtückisch handelt, wer die Arg- und Wehrlosigkeit des Opfers bewusst zur Tat ausnutzt. Arglos ist, wer sich zur Tatzeit eines Angriffes nicht versieht. Das »Tückische« liegt darin, dass der Tötende sein Opfer in hilfloser Lage überrascht, sodass es dem Anschlag auf sein Leben nicht begegnen kann. Grausam tötet, wer seinem Opfer Schmerzen oder Qualen körperlicher oder seelischer Art zufügt, die nach Stärke oder Dauer über das für die Tötung erforderliche Maß hinausgehen. Das alles ist bei der Tötung durch Entnahme der lebenden Organe aus dem noch lebenden Körper offensichtlich der Fall, ebenso wie die Tatsache, dass der zu Explantierende ein Opfer ist, das außerstande ist, sich noch wehren zu können.

Kein Wunder, dass die Anzeige der »Initiative gegen Mordärzte« vom 18.05.2012 gegen Transplantationsmediziner keinesfalls wegen Totschlags, sondern wegen Mordes – Massenmordes – erstattet worden war! Rechtsanwalt und Notar a.D. Uwe Friedrich aus 64832 Babenhausen äußerte sich in seiner Schrift zur Organspenden-Problematik »Ein bewusst irreführender Begriff« unter der Überschrift »HirnTOD« u.a. wie folgt: »Es ist durchaus skandalös zu nennen, wie in weiten Teilen der Politik und Medizinwirtschaft mit der Wahrheit bei Anwendung des Begriffs vom ›Hirntod‹ umgegangen und die wohlmeinende Bevölkerung damit erkanntermaßen in ihrem und unser aller Kultur eigenem Verständnis vom Begriff des Todes getäuscht wird. Der Bevölkerung wird gesagt, die Organentnahme erfolge ›nach dem Tod‹ des Menschen. Gemeint ist jedoch der sog. ›Hirntod‹. Vorsätzlich verschwiegen wird, dass es sich hierbei eben nicht um den in der Bevölkerung so verstandenen (biologischen, klinischen) Tod handelt; der zu explantierende Hirntote ist eben (noch) kein Leichnam, sondern ein Sterbender.«

So stellt Professor Dr. Dr. Waldstein klar: » ( ) das im Jahre 1968 von einem Ad-hoc-Komitee der Harvard Medical School eingeführte ›Hirntod-Kriterium‹ ( ) hatte, wie aus dem Text der Stellungnahme klar wird, nicht den Zweck, den objektiven Zeitpunkt des Todes eines Menschen festzustellen, sondern ersichtlich den ausschließlichen Zweck, die Entnahme vitaler Organe eines Sterbenden zu ermöglichen.«

»Nicht zuletzt ist zu berücksichtigen, dass das Transplantationswesen auch ein großes Geschäft, nicht nur des Transplantationsmedizin-Apparates, sondern vor allem der Pharmaindustrie ist, weil jeder Organempfänger auf die Zeit seines Lebens auf starke Medikation allein schon zur Vermeidung der Abstoßungsreaktion angewiesen ist. Dieses Geschäft wird zurzeit planmäßig mit aufgeklärten Menschen betrieben, die ansonsten bei jedem auch noch so »kleinen« Eingriff seitenlange, detaillierte Belehrungen über den genauen Hergang und die Risiken des Eingriffes in ihren Körper unterschreiben müssen. Das Transplantationsgesetz fordert die Aufklärung, aber eben nicht nur über die Möglichkeit der Organ»spende«, sondern auch vollständig über deren wirkliche Details. Die Broschüre der Bundeszentrale für gesundheitliche Aufklärung, mit der angeblich »Antworten auf wichtige Fragen« im Zusammenhang mit der Organspende gegeben werden sollen, erscheint in einem wesentlichen Punkt teilweise falsch, teilweise oberflächlich und unvollständig. Jedenfalls kann der Laie aus offiziellen Verlautbarungen keinesfalls die wirkliche Bedeutung des Begriffs vom »Hirntod« und der Vorgänge bei einer Organentnahme für sich persönlich erkennen. Aufklärung der Bevölkerung über die wahre Bedeutung des Hirntodes und die wirklichen Vorgänge vor, bei und nach der Organentnahme ist (so gut wie nie) nicht zu finden – wohl aus Sorge, wenn man die Gesellschaft hierüber aufkläre, bekomme man keine Organe mehr.«

In seinem Buch »Ins Herz geschrieben – Das Naturrecht als Fundament einer menschlichen Gesellschaft« – auszugsweise abgedruckt in »Medizin & Ideologie«, dem Informationsblatt der Europäischen Ärzteaktion Nr. 1/2012, befasst sich Professor Dr. Wolfgang Waldstein u.a. auch mit der Fehldiagnose des Hirntodes: »Inzwischen ist diese wirkliche ›Wahrscheinlichkeit‹ durch dokumentierte Fälle erwiesen, in denen nach der »Hirntod-Diagnose« den für tot Erklärten die Organe nicht entnommen werden konnten, und sie überlebt haben und wieder gesund geworden sind, darunter junge Menschen, die noch das ganze Leben vor sich hatten. Ein besonders dramatisches Beispiel ist das des Priesters Don Vittorio vom Institut Christuskönig und Hohe Priester. Nach einem schweren Autounfall wurde er für hirntot erklärt. Der Generalobere des Institutes protestierte jedoch gegen die Organentnahme und verlangte die Verlegung in ein anderes Krankenhaus. Durch die dort erfolgte Pflege kam er wieder zu Bewusstsein und wurde schließlich so weit geheilt, dass er seinem priesterlichen Dienst wieder nachgehen kann, zunächst noch an den Rollstuhl gebunden, inzwischen auch davon befreit. Niemand wird bestreiten können, dass er durch die vorgesehene und bereits vorbereitete Organentnahme getötet worden wäre.

Das in solchen Fällen zu hörende Argument: Dann war die Hirntod-Diagnose falsch und daher beweist der Fall nichts gegen ihre Gültigkeit, ist in sich falsch. Denn die Hirntod-Diagnose ist, wie hervorragende Wissenschaftler bei dem Kongress am 3. und 04.02.2005 bei der Päpstlichen Akademie der Wissenschaften festgestellt haben, nicht eine ›Diagnose‹, sondern eine »Prognose«, die immer falsch oder richtig sein kann. Ob sie falsch war, erfährt man jedoch nur, wenn dem Patienten die Organe nicht entnommen wurden. Wenn sie entnommen wurden, ist der Patient unwiderruflich tot. Daher kann man auch nicht sagen, wie viele Menschen seit Einführung des Hirntod-Kriteriums effektiv durch Organentnahme getötet worden sind. Nach den inzwischen gemachten Erfahrungen wird man annehmen müssen, dass die Zahl sehr hoch ist.«

Bei Professor Dr. Wolfgang Waldstein liest man auch: »Ein 1995 vom Bayerischen Rundfunk ausgestrahlter Fernsehfilm hat sich eingehend mit dem Problem des Hirntodes auseinandergesetzt. In diesem Film wurde u.a. der Fall von Jan Kerkhoffs berichtet, bei dem nach einem Autounfall mit Schädel-Hirntrauma ›hirntot‹ diagnostiziert wurde. Seine Frau wurde gebeten, die Organentnahme zu erlauben. Die Frau aber war aufgrund der Tatsache, dass Herzfunktion, Blutdruck und alle Lebensfunktionen normal waren, der Überzeugung, dass ihr Mann lebt. Daher gab sie nicht die Zustimmung zur Organentnahme. Tatsächlich erwachte der Mann wieder aus der Bewusstlosigkeit, wurde geheilt und lebt wieder gesund. Er konnte in dem Fernsehfilm mit seiner Frau gemeinsam über die Vorgänge um diese Hirntod-Erklärung berichten. Dieser Film hatte dann jedoch – wie mir berichtet wurde – für die Redakteurin (Silvia Matthis, die mir persönlich bekannt ist) die Folge, dass ihr die Wiederholung solcher Sendungen von der Leitung untersagt wurde. Man darf solche, für die Transplantationsmedizin unangenehmen Tatsachen nicht über das Fernsehen bekannt machen.« Ein gewaltiges Ärgernis ist es Prof. Dr. Wolfgang Waldstein, dass die katholische Kirche trotzdem – auch den Erkenntnissen des Papst Johannes Paul II. zuwider – an der unwahren These als wahr festhält, dass der Gehirntod = Tod sei. »Denn spätestens seit dem Kongress von 2005 kann niemand mehr behaupten, dass der Hirntod der ›tatsächliche‹ Tod des Menschen ist …« Aber: »Solange keine klare Ablehnung des Hirntod-Kriteriums als solches durch das kirchliche Lehramt erfolgt ist, fühlen sich auch katholische Ärzte und Krankenhäuser zur Tötung durch Organentnahme berechtigt. Es ist ihnen offenbar gleichgültig, dass unabhängig vom kirchlichen Lehramt die Annahme des Hirntodes sorgfältigsten und unabweisbaren wissenschaftlichen Erkenntnissen widerspricht, dieses objektiv auch katholische Ärzte und Krankenhäuser zur Tötung durch Organentnahme berechtigt. Das Schweigen des Lehramtes der Kirche in dieser Frage gibt jedoch einer zweifellos mörderischen Praxis nach wie vor ›ein gutes Gewissen‹. Dieses »gute Gewissen« wird noch durch die Stellungnahme der Päpstlichen Akademie der Wissenschaften, des Präsidenten des Päpstlichen Rates für die Kranken pastoral und jedenfalls unter dem früheren Präsidenten auch der Päpstlichen Akademie für das Leben offiziell unterstützt.«

Dies, obwohl doch bekannt ist, dass sowohl Papst Johannes Paul II, als auch Papst Benedikt XVI. sich im Laufe ihres Lebens – besserer Erkenntnis folgend – von der als Wahrheit angenommenen Annahme »Gehirntod = Tod« abgewandt hatten, den Gehirntod nicht mehr als Tod des Menschen ansahen. Prof. Dr. Waldstein: »Die Kirche ist zur Verkündung der Wahrheit verpflichtet, auch wenn sie die Welt nicht hören will. Es ist natürlich damit zu rechnen, dass sich in diesem Falle ein vielleicht noch größerer Sturm der Entrüstung erheben wird als im Falle der Enzyklika Humanae vitae. Denn hier gehe es nicht nur um eine moralische Frage, sondern um ein riesiges Geschäft.« Erinnert sei daran, dass die mörderische, perverse, der kosmischen Ordnung Gottes frontal widersprechende Organtransplantation weltweit hinter dem Waffenhandel und vor dem Drogenhandel das zweitgrößte Geschäft ist!

Die Strafanzeige der »Initiative gegen Mordärzte« vom 18.05.2012 wegen Mordes und Bildung einer kriminellen Vereinigung bei der Staatsanwaltschaft beim Landgericht Berlin, der ich mich in der Sache – nicht in allen Formulierungen– angeschlossen hatte, hatte bekanntlich zur Einstellung des Verfahrens geführt mit der Begründung, dass die Politik den Gehirntod als Tod anerkannt habe und ein Toter nicht mehr getötet werden könne.

Stimmen von Medizinern

Auf Einladung des Deutschen Ethikrates diskutierten im März 2012 in Berlin Mediziner und Philosophen über die Gültigkeit der Hirntod-Theorie. Dabei machten sowohl Kritiker als auch Befürworter der Theorie deutlich, wie berechtigt die Zweifel daran sind, dass für hirntot erklärte Menschen auch tatsächlich tot sind. Dabei kam auch der US-amerikanische Neurologe Daniel Alan Shewmon, Professor für Neurologie und Pädiatrie der David Geffen School of Medicine der Universität von Kalifornien und Autor zahlreicher Studien zum Hirntod zu Worte. Er äußerte in seinem hochwissenschaftlichen Vortrag, dass der Organismus mit dem Hirntod keinesfalls in seine Einzelteile zerfalle. Die Integration, welche das Gehirn für den Gesamtorganismus leiste, sei zwar bedeutsam. Anders als das Herz-Kreislauf-System stelle sie jedoch keine das Leben konstituierende dar. Sie könne inzwischen durch Medizintechnik und Pflege so weit ersetzt werden, dass ein menschlicher Organismus auch nach dem Verlust sämtlicher Hirnfunktionen noch als ein integriertes Ganzes fortbestehe bzw. fortbestehen könne. Auch wenn viele (hirntote) Patienten früh sterben, so würden andere überleben, und zwar mehr als einige wenige Tage. Sie erholten sich allmählich. Hirntote müssten deshalb trotz des Funktionsausfalles sämtlicher Hirnfunktionen weiterhin als Lebende betrachtet werden. Wörtlich: »Die unwiderrufliche Bewusstlosigkeit ist nicht der Tod der Patienten, bei denen der Hirntod festgestellt worden sei, seien nicht bloß ›großartige Zellkulturen‹ wie die Verfechter der Hirntod-Theorie glauben machen wollen, sondern bewusstlose menschliche Wesen.« Am Beispiel der Vollnarkose machte er deutlich, dass der Ausfall sämtlicher Hirnfunktionen nicht mit dem Tod des Menschen zusammenfalle. Heute lasse sich »eine Narkose so hoch dosieren, dass sie sämtliche Funktionen des Gehirns unterdrückt«. Indessen würde niemand einen solchen Patienten für tot erklären. Eine seiner weiteren Argumente: Eine der wichtigsten Funktionen, die das Hirn für den Organismus wahrnehme, sei die Steuerung der Atmung. Beim schwerst Gehirngeschädigten werde sie durch den Respirator ersetzt, der für die künstliche Beatmung des Patienten sorgt. Träfe die Hirntod-Theorie zu, so Shewmon, dann müsse man sich den Respirator als »Ventilator« vorstellen, der ein Herz in einem Leichnam schlagen lässt. Eine selbst für Technik-Liebhaber absurd anmutende Vorstellung! 1998 hatte Prof. Shewmon 175 Fälle aufgelistet, bei denen bei Patienten der Herztod nachgewiesen wurde, die jedoch länger als eine Woche überlebt hatten, in einigen Fällen Monate, in einem Fall sogar 14 Jahre, veröffentlicht im vollen Wortlaut in »Medizin und Ideologie« 4/2012. Dem hatte die Neurologin Stefanie Förderreuther von der Universität München, die die Linie der Bundesärztekammer vertritt, offensichtlich nicht viel entgegenzusetzen. Die Diskussionsrunde in Berlin war bis auf eine Person, die des Professor Shewmon, dem Star des Abends – wie war das auch anders zu erwarten –, mit Organentnahme-Befürwortern besetzt.

Bereits 2008 hatte sich das »President's Council on Bioethics«, das Expertengremium, das den US-amerikanischen Präsidenten in bioethischen Fragen berät, veranlasst gesehen, ein sog. »White Paper« mit dem Titel »Controversies in the Determination of Death« zu veröffentlichen. Darin hatten die Experten eingeräumt, dass angesichts der wissenschaftlichen Daten, wie sie u.a. von Shewmon erbracht worden seien, nicht mehr behauptet werden könne, dass der Organismus mit dem Hirntod bereits tot sei. Dennoch weiter auch diese Stimme, wie z.B. anlässlich eines Organspende-Vortrages am 22.01.2013 in der Evangelischen Akademie Tutzing von Professor Dr. Jauch, Chirurg in M-Hadern: Hirntote seien als »guillotiniert« anzusehen. Sie würden deshalb keine Schmerzen spüren.

Auch wenn die Ärzteschaft in Deutschland sich heute noch weitgehend hinter die Behauptung stellt, dass der Hirntod dem Tod gleichzusetzen sei, um so das gewaltige Geschäft der Organtransplantation zu unterstützen, finden sich immer wieder ihrem Gewissen verbundene Ärzte, die dem widersprechen. So führte z.B. Dr. med. Paulo Bavastro, Internist und Kardiologe, lange Jahre Chef einer internistischen Abteilung, in seinem im Rotary Magazin 10/2011 veröffentlichten Artikel »Ein irreführender Begriff« u.a. aus: »Von der ›postmortalen Organspende‹ zu sprechen, ist eine Vereinfachung, sie suggeriert falsche Tatsachen, entspricht dem Tatbestand der arglistigen Täuschung. Deshalb ist das sog. ›Hirntod-Konzept‹ mit den moralischen und ethischen Ansprüchen Rotary's nicht vereinbar … Wollen wir redlich sein, so müssen wir Folgendes formulieren: Es handelt sich um schwerstkranke Menschen, die trotz intensivmedizinischer Behandlung Sterbende sind. Ein Sterbender ist aber kein Toter, er ist also keine Leiche.«

In den USA hatten die renommierten Professoren für Anästhesiologie, Pädiatrie und Medizinethik Robert Dr. Truog und der Professor für Bioethik Franklin Miller bereits 2008 erklärt: »Die Begründung dafür, warum diese Patienten (Hirntote) für tot gehalten werden sollen, war nie völlig überzeugend. Die Hirntod-Definition erfordere den kompletten Ausfall aller Funktionen des Gehirns, dennoch bleiben bei vielen dieser Patienten wesentliche neurologische Funktionen erhalten, wie die reguläre Abgabe von Hormonen aus dem Zwischenhirn.« In einem anderen Artikel fragten Truog und Miller, ursprünglich Verfechter des Gehirntodes, wie es ethisch zu begründen sei, »vitale Organe« aus hirntoten Patienten zu entnehmen, wenn sie nicht wirklich tot seien. Sie plädierten für die abermalige Korrektur der Todesdefinition und schlugen vor, die mit der Organgewinnung verbundene Tötung von sterbenden Patienten als gerechtfertigtes medizinisches Handeln – als »justified killing« – zu bezeichnen. Die Ärztin Dr. med. Regine Breul, wandte sich unter dem 18.11.2011 in einem offenen Brief an die Bundeskanzlerin betreffend »kritische Fragen zu Hirntod und Organspende«. Unzureichend sei die Aufklärung der Mitbürger. »Die Bürger müssen wissen, dass der hirntote Organspender allenfalls ein Sterbender im möglicherweise irreversiblen Hirnversagen ist. Wird die Freigabe zur Organentnahme durch verharmlosende Informationen und das Verschweigen neuer medizinischer Erkenntnisse erschlichen, liegt eine rechtsgültige Zustimmung des Spenderwilligen oder seiner Angehörigen nicht vor ...«

Der Wissenschaftliche Beirat der Bundesärztekammer verfasste die »Richtlinien zur Feststellung des Hirntodes«. Darin heißt es u.a. zum Todeszeitpunkt: »Festgestellt wird nicht der Zeitpunkt des eintretenden, sondern der Zustand des bereits eingetretenen Todes. Als Todeszeitpunkt wird die Uhrzeit registriert, zu der die Diagnose und Dokumentation des Hirntodes abgeschlossen sind.« Zu diesem Zeitpunkt lebt der sterbende Komapatient noch, dem ja erst noch die lebenden Organe entnommen werden sollen. Die praktizierte Lüge zum »festgelegten Todeszeitpunkt« ist evident.

Verweigern die Angehörigen die Organentnahme, zahlen Krankenversicherungen die wochen- oder monatelange Behandlung des schwer gehirnverletzten Patienten nicht mehr, da dieser nach der Hirntodfeststellung ja rechtlich bereits gestorben und damit tot sei. Für die Behandlung toter Patienten seien die Krankenkassen bzw. Versicherungen nicht mehr zuständig.

Dr. med. Max Otto Bruker, Arzt für Innere Medizin, langjähriger Leiter biologischer Krankenhäuser in Bad Lahnstein, Pionier für ursächliche Heilbehandlung statt einer symptomatischen Linderungsbehandlung (Gesamtauflage seiner rund 30 Bücher mehr als 3 Millionen), schrieb: »Ich schäme mich für den Ärztestand, dass nicht alle Kolleginnen und Kollegen aufstehen und laut NEIN sagen zu der Art der Aufklärung über die Organtransplantation. Sie befürworten damit stillschweigend ein dunkles Geschäft, das unethisch und unmoralisch betrieben wird. Es setzt sich über die Menschenwürde hinweg und nimmt eine Tötung des Lebenden billigend in Kauf. Von dieser Art der Geschäftemacherei distanziere ich mich auf das Schärfste und mit mir sicherlich der größte Teil der Ärzteschaft   Heute gilt – wie absurd – der ›Hirntod‹ als Gesamttod, obwohl keine ausreichenden Beweise dafür vorliegen. Auf diese Weise wurde durch die Gesetzgebung ein Freispruch für alle Handlanger dieses ›Mordsgeschäfts‹ erreicht.«

Professor Rudolf Pichlmayr, inzwischen verstorbener früherer Leiter des Organ-Transplantationszentrums in Hannover, ließ sich entgegen einer Mutter, die ihm vorwarf, nicht ordnungsgemäß aufgeklärt worden zu sein, bevor sie die Einwilligung zur Organentnahme aus dem Körper ihres hirntoten, angeblich gestorbenen Sohnes erteilt hatte, zu der Erklärung hinreißen: »Wenn wir die Gesellschaft über die Organentnahme aufklären, bekommen wir keine Organe mehr.« Prof. Pichlmayr, seinerzeit weltweit führender Organtransplanteur, wusste, wovon er sprach. Jede wahrheitsgemäße Aufklärung über die Organspende verhindert diese. Die Patienten bzw. deren Angehörige müssen also belogen und getäuscht werden, um deren Einwilligung zur Organspende zu erhalten.

Stimmen Angehöriger von Organspendern

Das Erschütterndste, was man im Bereich der Organtransplantationen hören kann, sind die Stimmen Angehöriger, die unzureichend aufgeklärt der Organentnahme ihrer Angehörigen, ihrer Söhne und Töchter, zugestimmt hatten. Erst nachdem sie die ausgeschlachteten Leiber ihrer Kinder letztendlich wiedergesehen und in deren schmerzverzerrte Gesichter geblickt hatten, hatten sie erkannt, wie blonde Haare grau oder weiß geworden, die Gesichter sich auch in die von Greisen verwandelt hatten, war ihnen klar geworden, was da in Wirklichkeit geschehen und wozu sie ihre Einwilligung gegeben hatten.

So äußerte sich Jürgen Meyer, der Vater von Lorenz, u.a. wie folgt: »Über das Kind, den Unfall, den Tod und die Zeit danach, kann ich gut sprechen. Das half mir sogar sehr in der Trauer. Ganz anders verhält es sich mit der Organentnahme. Die hatte ich verdrängt, darüber hatte ich Jahre nicht geredet – noch nicht einmal mit meiner Frau. Ich hatte mich geschämt und ich schäme mich noch heute, dass ich mich habe manipulieren und mich beim Sterben des Kindes habe wegschicken lassen, statt es zu begleiten bis zuletzt.

Einige sagen, so etwas komme heute in ihren Krankenhäusern nicht mehr vor. Aber das stimmt nicht. Die Methoden der Beeinflussung sind nur verfeinert und optimiert worden – zur Gewinnung von mehr Organen. Die Ausgangssituation ist gleich geblieben und sie wird sich nicht ändern, weil die Organtransplantation auf Kosten der liebevollen Begleitung im Sterben geht. Auch die Schocksituation, in der sich die Angehörigen befinden, lässt sich nicht wegzaubern. Sie wird, wie wir von Berichten über Eschede oder Kaprun wissen, ohnehin nur bei Katastrophen mit vielen Toten genügend berücksichtigt. Dass für alle Eltern, die plötzlich ein Kind verlieren, eine keinesfalls geringere Katastrophe eingetreten ist, wird meist vergessen.

Wir waren nach dem Unfall im Schock und nicht in der Lage, eine eigene Entscheidung zu treffen. Wir hätten damals alles getan, wozu wir aufgefordert worden wären. So geht es leider den meisten Betroffenen. In dieser Ausnahmesituation, in der man das Geschehen noch lange nicht begreifen und in der der Verletzte lebendig vor einem liegt, mit Organtransplantation überrascht zu werden, empfinde ich als Manipulation und Grausamkeit.

Ich wollte doch bei dem Kind sitzen, ihm die Hand halten, es liebevoll begleiten.

– Stattdessen die Frage, ob wir Organe spenden wollten, die Aufzäh-

- lung aller benötigten Organe, keine Information zum schrecklichen Ablauf der Organentnahme bei fortdauernder Beatmung.
- Stattdessen habe ich mir über die vorgelegten Fragen den Kopf zerbrochen, bin herumgerannt, habe telefoniert – war unfähig, klare Gedanken zu fassen.

Ich habe dann die Quälerei mit der Zustimmung in die Nierenentnahme beendet, weil ich endlich in Ruhe gelassen werden wollte, weil ich ganz für unser Kind da sein wollte.

Nach der Missachtung der Zusagen, das Kind auf der Station aufzubahren, und dem Anblick des entstellten Kindes kamen Zweifel auf, ob wirklich nur die Nieren entnommen worden sind. Diese Zweifel habe ich sofort wieder verdrängt. Erst viel später verlangten wir die Unterlagen vom Krankenhaus. Die gab es angeblich nicht.

Die Antwort nach jahrelangem Schriftwechsel lautete: Weil die Entnahme keinen Patienten mehr beträfe, sondern einen Toten, sei sie nicht in der Krankenakte dokumentiert. Andere Dokumente waren widersprüchlich und unvollständig.

Trotzdem zeigten die lückenhaften Unterlagen, dass selbst die Ärzte nicht an den ›Hirntod‹ als Tod des Menschen glaubten.

Wie wenig an den ›Hirntod‹ als Tod des Menschen geglaubt wird, zeigt auch der Umgang mit Narkose und Schmerzmitteln. Einige Ärzte geben beides, andere nur eines davon oder überhaupt nichts. Selbst der Umgang mit Angehörigen von ›Hirntoten‹ ist unterschiedlich, je nachdem, ob brauchbare Organe vorhanden sind oder nicht. Bei einem Kind, dessen Organe durch eine Infektion unbrauchbar waren, wurde den Eltern gesagt: ›Bleiben Sie bei Ihrem Kind, es lebt noch, es versteht Sie irgendwie, begleiten Sie es bis zuletzt, das hilft später.‹

Im selben Krankenhaus wurde bei einem anderen Kind mit brauchbaren (transplantablen) Organen gesagt: ›Das Kind ist tot, da sind keine Empfindungen und Wahrnehmungen mehr, das Einzige, was Sie noch tun können, ist zu entscheiden, ob Sie einem anderen mit einer Organspende helfen wollen oder nicht. Sie können ruhig nach Hause gehen, obwohl der Leib noch lebendig ist‹ – wie bei uns! Ich würde jedenfalls nach all den schmerzlichen Erfahrungen nie mehr ein Kind im Sterben verlassen!«

Silvana und Stellio Mondo aus Italien verfassten folgenden Aufruf an Eltern, die Organe ihrer Kinder freigegeben haben, zum 17. Jahrestag der Explantation ihres Sohnes Paolo. Bezüglich Silvana Mondo ist zu bemerken, dass sie offizielle

Beraterin des Nationalen Rates gegen die Für-tot-Erklärung und Organentnahme bei Menschen mit schlagendem Herzen ist.

»Wir haben das dringende Bedürfnis, Ihnen mitzuteilen, dass wir leider der Bitte um die Organe unseres Sohnes Paolo nachgegeben haben. Paolo war 19 Jahre alt, wir waren vor Schmerz betäubt, und in dieser Situation unterschrieben wir. Eine schlimmere Entscheidung hätten wir nicht treffen können: Wir alle verrieten unsere Kinder, da wir falsch informiert wurden und durch den Druck der Transplantationsmediziner erschöpft waren. Wir ließen es unwissentlich zu, dass unsere Kinder ohne Betäubung abgeschlachtet und ausgeweidet wurden. Die Folterer in den Konzentrationslagern fragten zumindest nicht die Eltern nach ihrer Zustimmung, ihre Kinder töten zu dürfen.

Unsere Kinder wurden in der Intensivstation der totalen Willkür der Ärzte preisgegeben, allein, ohne Begleitung ihrer Eltern, und dann im Operationssaal ermordet: Der Chirurg setzt das Messer an den Hals und schneidet bis zum Brustbein, zum Nabel und dann bis zur Leiste. Das Herz schlägt. Die Lungen atmen. Das Blut zirkuliert. Der Körper ist warm. Er bewegt sich, er versucht, zu reagieren. Dies sind nach Aussagen der Chirurgen nur Rückenmarksreflexe, die durch Medikamente unter Kontrolle zu halten sind. Die unerbittliche Hand des Scharfrichters spaltet das Brustbein, ergreift das schlagende Herz und löst es heraus.

So starben unsere Kinder. Sie waren hilflos und verlassen, es gab keine zärtliche Berührung und keinen Abschiedskuss von ihrer Mutter, ihrem Vater. Ihre Körper waren zu Ersatzteillagern geworden, um die Menschen konkurrierten, die darauf gehofft oder dafür gebetet hatten, ihre Organe zu bekommen. Unsere Kinder sind schlimmer behandelt worden als Todeskandidaten in der Todeszelle oder Schlachttiere im Schlachthof, die zumindest keine lange Folter erleiden müssen.

Wir alle unterschrieben, weil man uns glauben machte, dass wir das Richtige taten. Die Mafia des Transplantationsgewerbes hat uns besiegt.

Kämpft, damit andere Eltern nicht das erleiden, was wir erleiden müssen, weil wir den Transplantationskoordinatoren, den Chirurgen/Explanteuren und all den anderen Kollaborateuren vertrauten: Den Ärzten, die den Tod feststellten, den Anästhesisten, Neurologen, Krankenpflegern, käuflichen Reportern und anderen, die sich alle beteiligen an der Schlachtung/Explantation, die sie als Organspende ausgeben. Diese gerissene und betrügerische Vorgehensweise erzeugt Hass auf die Gesellschaft, nicht Liebe.

Ihr Eltern, die Ihr die Organe Eurer Kinder freigegeben habt, seid mutig und schließt Euch uns an, erzählt die Wahrheit und sprecht in der Öffentlichkeit über Euer Leid: Erstickt es nicht in eigens dafür eingerichteten psychiatrischen Zentren. Lasst uns diesen modernen Kannibalismus beenden, der unter dem Deckmantel der Wissenschaftlichkeit stattfindet.«

Bernice Jones aus den USA berichtete über ihre Erfahrungen mit der Organentnahme bei ihrem »hirntoten« Sohn u.a.: »Kurz nach der Ankunft im Krankenhaus verkündete der Arzt: ›Ihr Sohn ist ›hirntot‹.– Es gibt nichts, was ich tun kann, um ihm zu helfen. Seit dem Unfall ist er ›hirntot‹. Er kann nicht eigenständig atmen und ist an ein Beatmungsgerät angeschlossen. Es gibt keine Hoffnung auf Besserung.

5 ½ Stunden, nachdem mein Sohn in die Notaufnahme gebracht worden war, sagte man uns, wir sollten auf den Arzt warten, der uns die Testergebnisse mitteilen würde. Der Arzt kommt ins Zimmer. Er sagt, er habe einen Test durchgeführt. Er stellte dabei die künstliche Beatmung aus, erklärte uns, unser Sohn atmete nicht von allein. ›Er ist tot.‹

Mein Mann und ich wollten unseren Sohn sehen, aber der Arzt sagte uns, es wäre Zeit für uns, nach Hause zu gehen. ›Ihr Sohn ist tot.‹ Die Frau im blauen Kostüm stand neben dem Arzt. Der Arzt stellte sie uns vor und sagte, sie sei eine Transplantations-Koordinatorin und dass sie mit uns reden wolle.

Die Frau fing an: ›Sogar im Tod könnte Ihr Sohn anderen helfen. Er mochte die Menschen und war hilfsbereit, nicht wahr?‹ Meine Familie und ich waren außer uns vor Qual und Entsetzen. Man hörte nur Schluchzen, Würgen und Ächzen. Ich stolperte aus dem Zimmer.

Der Seelsorger und meine Tochter folgten mir auf den Flur. Ich erklärte ihnen beiden, dass ich die Gegenwart von etwas Bösem spürte. Ich bat den Seelsorger, zurückzugehen und bei meinem Mann und meinem Sohn zu bleiben. Ich bat ihn, dieser Frau Einhalt zu gebieten. Minuten später versuchten wir, wieder durch die Flurtüren zu gehen, durch die wir rausgegangen waren, aber sie waren verschlossen. Minutenlang klopften wir immer wieder und versuchten, jemanden auf uns aufmerksam zu machen. Schließlich ließ uns eine Krankenschwester ein.

Als wir ins Zimmer zurückkamen, war nur meine Familie da. Eine Krankenschwester sagte uns, es sei an der Zeit, nach Hause zu gehen.

Mein Mann und mein Sohn wurden genötigt zu unterschreiben, aber später sagte mir mein Mann, dass er mir nicht sagen könne, was sie unterschrieben hätten. Sie waren durch die redegewandte Art überzeugt worden, mit der sie sagte: ›Dieser Akt der Nächstenliebe würde das Leben von anderen retten und diesem tragischen Tod Sinn und Zweck verleihen. Das ist es, was er gewollt hätte – anderen Menschen weiterhin zu helfen, nicht wahr?‹

Meine Familie machte sich von Tag zu Tag mehr Sorgen um mich. Meine Tochter – das erfuhr ich später – hatte Angst, ich könnte an zerbrochenem Herzen sterben. Sie gestand mir, dass sie mit meinem Tod gerechnet hatte. Ich machte meiner Familie zusätzlichen Kummer, als ich anfing, ihnen von den Dingen zu erzählen, auf die ich von Gott hingewiesen wurde. Ich konnte meinen Sohn im Krankenhaus sehen und sah Dinge, die ich unmöglich wissen konnte. Ich konnte nicht schlafen, weil ich unseren Sohn im Krankenhaus sah, wie er schrie und nach mir rief. Immer wieder wachte ich auf, nach Atem ringend und mit rasendem Herzschlag. Mein Mann wusste von diesen heftigen körperlichen Anfällen. Ich konnte weder essen noch schlafen. Nach einiger Zeit hatte ich Visionen und hörte die Stimme meines Sohnes aus dem Krankenhaus schreien. Zu wissen, dass ich meinen Sohn seinem Tod überlassen hatte, quälte mich. Mein Mann vermutete, dass ich einfach unter Albträumen litt. Er versuchte mich zu trösten, doch das war nicht möglich. Er flehte mich an, nicht zu sterben. ›Ich kann es nicht ertragen, dich auch noch zu verlieren!‹, sagte er, während er mich in seinen Armen hielt.

In der Notaufnahme für ›hirntot‹ erklärt und ein »Spender« wird er, der offensichtlich lebt, noch dreimal für tot erklärt!

Der 1. Tod, ein zweckmäßiger Tod – wurde erfunden, um den wirklichen Todeseintritt planen und regulieren zu können. Man sagte uns 5 Stunden nach seiner Ankunft in der Notaufnahme, dass er tot sei. Die Krankenhausunterlagen bestätigen diesen Zeitpunkt und stellen fest, dass der ›Hirntod‹ eingetreten war nach Durchführung des Apnoe-Tests. Offensichtlich waren die Organe meines Sohnes schon an den Höchstbieter verkauft worden – er erhielt das Todesurteil, trotz seines Kampfes ums Überleben war er zum Tode verurteilt worden. Trotz der Tatsache, dass er wegen der Medikamente zur Ruhigstellung nicht reagieren konnte, wurde der ›Hirntod‹ festgestellt.

Der 2. Tod – der ›Tod auf dem Papier‹ – der Totenschein. Das lässt darauf schließen, dass er 1 ½ Stunden vor dem Apnoe-Test starb, indem man ihn als ›hirntot‹ bezeichnete!

Der 3. Tod – der richtige körperliche Tod –, nachdem sie ihre Rituale beendet hatten, wurde unser Sohn bei lebendigem Leib zerteilt und dadurch ermordet. In der Krankenakte steht, dass man unseren Sohn narkotisierte, 19 Stunden nach seinem vermuteten Todeseintritt. Man gab ihm zwei Medikamente – eins gegen die Schmerzen und ein muskelentspannendes Mittel, um Bewegungen zu verhindern vor der tödlichen Zerteilung, doch während der Organentnahme wurden die Schmerzmedikamente abgesetzt. Es dauerte 3 ½ Stunden, bis sein schlagendes Herz und andere lebenswichtige Organe herausgeschnitten waren.

Wir wussten nicht, dass unser Sohn, während er lebte und um sein Leben rang, gequält und gefoltert wurde. Ich muss mit diesem Wissen leben, und es bedeutet eine tägliche Auseinandersetzung damit. Ich weiß heute, dass mein Sohn auf meine Berührung und auf meine Stimme reagierte. Der ›Kasten‹, auf den diese zwei Krankenschwestern blickten, zeichnete die vitalen Lebenszeichen meines Sohnes auf. Ich habe keinen Zweifel daran, dass sein Blutdruck und sein Puls anstiegen, wenn ich bei ihm war. Ich habe auch keinen Zweifel daran, dass der ›Kasten‹ deshalb aus meinem und dem Blickfeld meiner Familie gedreht worden war, um seine Lebenszeichen vor uns zu verbergen – Herzschlag, Atmung und Blutdruck. Ich habe Jesus unzählige Male darum gebeten, mir mein Unwissen zu verzeihen, und dass ich meinen Sohn diesen Dämonen ausgeliefert habe. Ich habe Ihn gebeten, meinen Sohn zu segnen. Ich hatte ihm gesagt, dass Jesus ihn ›heute‹ im Himmel sehen würde – als ob sein Tod unmittelbar bevorstünde –, und ich weiß, dass er mich hörte. Ich kann mir sein Entsetzen nur ausmalen. Ich überließ ihn dem Tod. Ich verließ ihn und ging weg. Gott sei mir gnädig!

Ich bin überzeugt, dass mein Sohn noch am Leben wäre, wenn man mich nicht belogen hätte. Die zwei Arztberichte bestätigen diese Tatsache. Ich glaube von ganzem Herzen, dass der Herr des Lebens meine Gebete gehört hat. Hätte ich nicht darum gebetet, dass er in ein Spezialkrankenhaus gebracht worden wäre, in dem Organentnahmen in großer Hast durchgeführt werden, dann wäre er wegen seiner Verletzungen behandelt worden. Heute verstehe ich den Konflikt, in den die Feuerwehrleute und die Mannschaft des Rettungswagens gerieten, als ich sie darum bat, ihn in dieses Spezialkrankenhaus zu bringen. Sie wussten von dem verborgenen Bösen. Ihr Schweigen war tödlich.

Der Preis für die Irreführung und mangelndes Wissen ist hoch. Die Auswirkungen davon beeinflussen mein ganzes Leben, wie ich bezeugen kann. Organspende und meine Unkenntnis darüber waren die notwendigen Hilfsmittel und das Werkzeug für das Transplantationsteam, um ihren sadistischen Plan durchführen zu können.

Ich muss mit dieser Schändlichkeit leben und warten, bis ich meinen Sohn wiedersehe. Dieser Schmerz, diese unglaubliche Leere – ist schwer zu ertragen. Ich kann nicht seine Fotos ansehen und mich über Erinnerungen freuen an dieses schöne Wesen, das Gott geschaffen hat, indem Er mich mit seiner Geburt und seinem Leben gesegnet hat. Es quält mich die Wahrheit dessen, was ich herausgefunden habe, und das Aufdecken seiner Folter bis zum Tod. Dass ich so fahrlässig war und ihn in seiner Naivität mit einer Waffe habe spielen lassen, ist eine zusätzliche Belastung. Eine ganz andere Last für mich ist es, zugelassen zu haben, dass man ihn indoktrinierte. Damit hatte man die Möglichkeit geschaffen, um ihn bei allen denkbaren medizinischen Anlässen, die in seinem Leben auftreten konnten, das Leben nehmen zu können. Denn es ist so, er hatte ›Organspender‹ in seinem Führerschein eintragen lassen. Zu diesem Zeitpunkt schon begannen die Vorbereitungen für das zeremonielle Opfer.

Vater, vergib ihnen, denn sie wissen nicht, was sie tun!«

Die vorstehenden Berichte entstammen der Sammlung des Vereins KAO (Kritische Aufklärung über Organtransplantation e.V.), gegründet von Angehörigen und Eltern, aufgrund deren Einwilligung deren »hirntote« Angehörige die Organe ausgeschlachtet worden waren.

2012 erschien das von Jana Haas im Knaur-Verlag erschienene Buch »Jenseitige Welten – Die Reise der Seele ins Licht«. Nach ihren eigenen Angaben verfügt Jana Haas über die Gabe mancher Menschen, mit dem Geist von Verstorbenen in Kontakt zu treten. Sie verfügt über diese Gabe seit mehreren Nahtod-Erlebnissen während ihrer Kindheit in Kasachstan. Sie beschreibt in ihrem Buch eindrücklich ihre geistige Kontaktaufnahme mit einem jungen Menschen, der unfreiwillig als Organspender dienen musste. »Bei einem Verkehrsunfall war der 19-jährige Sven lebensgefährlich verletzt worden. Der Unfallarzt hatte entschieden, ihn zur Organentnahme in die Uni-Klinik in Hannover zu überweisen, wo sein Hirntod festgestellt wurde. Als die Mutter ihren Sohn kurz vor der Beerdigung noch einmal sah, war sie entsetzt: Ihr Sohn sah um Jahre gealtert aus, das Haar war weiß geworden. Er sah aus, als wenn er einen schlimmen Todeskampf hinter sich hätte – gequält. Ich habe mich immer wieder gefragt, was da passiert ist.«

Jana Haas berichtet darüber in ihrem Buch: »Ich schaute nach diesem Sven in den geistigen Welten und fand seine Seele in einem totalen Schock gefangen und erstarrt. Durch diese emotionale Schwere zog es die Seele immer tiefer in die unteren Astralwelten. Von seinem Wesenskern her war er ursprünglich ein lichtvolles Wesen gewesen, dessen Seele bei einem normalen Sterbeprozess relativ schnell den Weg ins Licht, in die oberen Astralwelten, gefunden hätte. Durch den ungeheuerlichen Schock war nun seine Seele dermaßen blockiert, dass es sie in die Schwere zog. Die Organentnahme hatte also sowohl seinem friedvollen Übergang wie auch seiner seelischen Weiterentwicklung im Jenseits massiv geschadet. Was aller Wahrscheinlichkeit auch noch in die künftigen

Inkarnationen hineinreichen wird. Statt eines normalen, mehrere Tage andauernden Lösungsprozesses hatte man abrupt seinen Körper zerlegt. Die durch den Unfall ohnehin irritierte Seele musste miterleben, wie der Körper, mit dem sie noch verbunden war, mittels Säge geöffnet, aufgeklappt und ausgeschlachtet wurde. Dieser unfassbare Schock ließ ihn spontan altern und seine Haare weiß werden.«

* * *

Nach all dem ist es sicher jedermann möglich, die Frage zu beantworten, ob die Organtransplantation Gottes oder Satans Werk ist, ob ihre Befürworter und die sie praktizierenden Ärzte damit Gott oder Satan dienen.

Zur Person des Autors

Der am 31. Januar 1926 geborene Autor, Dr. jur. Georg Wilhelm Meinecke, wurde 1957 als Rechtsanwalt in Köln zugelassen. Er ist Gründer und Seniorpartner der Anwaltssozietät Meinecke & Meinecke in Köln, die auf die bundesweite Beratung und Vertretung behandlungsfehlergeschädigter Patienten gegen Ärzte, Krankenhäuser und Pharmaindustrie spezialisiert ist und in der seine Söhne Markus und Boris mit weiteren Fachanwälten für Medizinrecht tätig sind.

Seit der Beendigung aktiver anwaltlicher Tätigkeit in Einzelmandaten verfasste er folgende Bücher bzw. Schriften mit dem Ziel, seinen Mitmenschen nunmehr auf diese Weise zu helfen:

»Der Königsweg zu Gesundheit und hohem Alter«, erschienen 2002, stark erweiterte Neuauflage 2004, 2. stark erweiterte Neuausgabe 2009,
ISBN: 978-3-8311-4199-9, BoD, P.B., 512 S., 27,80 €.

»GESUND FÜR IMMER – Die Revolution im Gesundheitswesen«, erschienen im Januar 2008, 2. Auflage 2009, 3. Auflage 2010,
ISBN: 978-3-8334-7263-3, BoD, P.B., 160 S., 11,90 €.

»Papst Benedikt XVI.: Jesus von Nazareth aß kein Osterlamm – Hat Jesus sich menschengerecht ernährt?«, erschienen 2008,
ISBN: 978-3-8334-7433-0, BoD, 36 S., DIN-A 4, brosch., 6,80 €.

»Organspende JA oder NEIN – Eine Entscheidungshilfe – Die verheimlichte Wahrheit«, erschienen 2012, ISBN: 978-3-8448-3377-5, BoD,
76 S. DIN-A 4, 12,00 €.

»ORGANTRANSPLANTATION – GOTTES ODER SATANS WERK. Die Wahrheit – Was Christen wissen sollten«, erschienen 2013,
ISBN: 978-3-7322-2646-7, BoD, 72 S., DIN-A 4, 12,00 €.